Das kleine Geldhandbuch

INVESTIERT ODER AUSGEGEBEN?

Inhaltsverzeichnis

Inhaltsverzeichnis

Einführung:
Geld ist ein Werkzeug, das uns ermöglicht, unsere Träume zu verwirklichen, unsere Bedürfnisse zu befriedigen und ein komfortables Leben zu führen. Aber wie wir unser Geld verwenden, kann einen großen Unterschied in unserem Leben machen. Das kleine Geldhandbuch bietet Ihnen eine menge praktische Tipps, um Ihr Geld effektiv zu verwalten und kluge Kaufentscheidungen zu treffen.

In der heutigen Konsumgesellschaft werden wir ständig mit Werbung bombardiert, die uns dazu verleitet, Dinge zu kaufen, die wir nicht wirklich brauchen. Es ist leicht, in die Falle zu tappen, Geld für kurzfristigen Spaß auszugeben, anstatt in langfristige Investitionen zu investieren, die uns zukünftige Erträge bringen können. Dieses Buch wird Ihnen helfen, den Unterschied zwischen "Investieren" und "Ausgeben" zu verstehen und wie Sie das Beste aus Ihrem Geld herausholen können.

Ein einfaches Beispiel, das im Buch hervorgehoben wird, ist der Unterschied zwischen dem Kauf eines Videospiels und dem Kauf von Aktien einer Videospielfirma. Wenn Sie ein Videospiel kaufen, geben Sie Geld aus, um Spaß zu haben. Aber wenn Sie Aktien von einer Videospielfirma kaufen, investieren Sie Ihr Geld, um in der Zukunft Geld zu verdienen, auch wenn Sie auf den sofortigen Spaß verzichten müssen.

Es geht jedoch nicht nur darum, klug zu investieren, sondern auch darum, klug zu sparen und Schulden zu vermeiden. Das Buch gibt Ihnen Tipps, wie Sie ein Budget erstellen, um sicherzustellen, dass Sie Ihr Geld für die Dinge ausgeben, die Ihnen wirklich wichtig sind und wie Sie Schulden abbauen können, um langfristig finanziell stabil zu bleiben.

Das kleine Geldhandbuch ist ein unverzichtbarer Leitfaden für jeden, der sein Geld effektiv verwalten und sein finanzielles Wohlbefinden verbessern möchte. Es ist einfach zu lesen und voller nützlicher Tipps und Ratschläge, die Ihnen helfen werden, klügere finanzielle Entscheidungen zu treffen. Lesen Sie es heute noch und beginnen Sie, Ihr Geld für eine bessere Zukunft zu nutzen!

Das kleine Geldhandbuch wird Sie durch verschiedene Aspekte der Geldverwaltung führen, von der Budgetierung bis zur Investition, und Ihnen praktische Tipps geben, wie Sie kluge finanzielle Entscheidungen treffen können. Es ist Zeit, die Kontrolle über Ihr Geld zu übernehmen und es für Sie arbeiten zu lassen!

Kapitel 1: Verstehen Sie den Unterschied zwischen Investieren und Ausgeben

Geld auszugeben und zu investieren sind zwei völlig unterschiedliche Dinge, obwohl sie oft verwechselt werden. Wenn wir Geld ausgeben, tauschen wir es gegen Waren oder Dienstleistungen. Das Geld ist weg, und im Gegenzug erhalten wir etwas, das uns sofortigen Nutzen oder Vergnügen bringt. Investieren hingegen bedeutet, Geld in etwas zu stecken, von dem wir glauben, dass es im Laufe der Zeit an Wert gewinnt.

Stellen Sie sich vor, Sie haben 100€. Sie könnten dieses Geld verwenden, um ein neues Videospiel zu kaufen, das Sie schon immer haben wollten. Das wäre ein Ausgabenentscheid. Oder Sie könnten dasselbe Geld verwenden, um Aktien von einer Videospielfirma zu kaufen. Das wäre eine Investitionsentscheidung.

Wenn Sie das Videospiel kaufen, erhalten Sie sofortigen Spaß und Vergnügen. Aber nach einiger Zeit wird das Spiel alt, und der anfängliche Reiz wird nachlassen. Das Geld, das Sie dafür ausgegeben haben, wird nicht zurückkommen. Wenn Sie jedoch in die Aktien der Videospielfirma investieren, haben Sie die Möglichkeit, im Laufe der Zeit mehr Geld zu verdienen. Die Aktien könnten im Wert steigen, und Sie könnten Dividenden erhalten.

Das bedeutet nicht, dass Investieren immer die beste Option ist. Es gibt Zeiten, in denen Ausgeben die richtige Entscheidung ist. Es geht darum, das Gleichgewicht zu finden und zu wissen, wann man investieren und wann man ausgeben sollte.

Investieren und Ausgeben sind zwei wichtige Aspekte des Finanzmanagements. Es gibt keinen richtigen oder falschen Weg, um mit Ihrem Geld umzugehen, aber es ist wichtig, die Vor- und Nachteile jeder Entscheidung abzuwägen.

Wenn Sie in etwas investieren, haben Sie die Möglichkeit, mehr Geld zu verdienen, aber Sie laufen auch das Risiko, Geld zu verlieren. Wenn Sie jedoch ausgeben, haben Sie sofortige Befriedigung, aber das Geld ist weg und kann nicht zurückgewonnen werden. Es ist wichtig, eine Balance zwischen Investieren und Ausgeben zu finden und zu verstehen, wann es am besten ist, in welche Richtung zu gehen. Eine gute Finanzplanung kann helfen, dieses Gleichgewicht zu finden und Ihnen helfen, Ihre finanziellen Ziele zu erreichen.

Eine Möglichkeit, Ihre Finanzen in den Griff zu bekommen, ist die Erstellung eines Budgets. Wenn Sie Ihre Einnahmen und Ausgaben genau verfolgen, können Sie besser entscheiden, wie viel Sie jeden Monat für Investitionen und Ausgaben ausgeben sollten. Es ist auch wichtig, Ihre Schulden zu reduzieren, da hohe Zinsen und Gebühren Ihre finanzielle Freiheit beeinträchtigen können.

Nehmen Sie sich Zeit, um Ihre Finanzen zu verstehen und lernen Sie, wie Sie kluge Investitionsentscheidungen treffen können. Mit Geduld und Disziplin können Sie Ihre finanziellen Ziele erreichen und ein Leben führen, das frei von finanziellen Sorgen ist.

Wenn Sie überlegen, in was Sie investieren möchten, sollten Sie Ihre Ziele und Ihre Risikobereitschaft berücksichtigen. Es gibt verschiedene Möglichkeiten, in die Sie investieren können, wie zum Beispiel Aktien, Anleihen, Immobilien und Fonds. Jede dieser Optionen hat ihre eigenen Vor- und Nachteile, und es ist wichtig, sich vor dem Kauf genügend zu informieren.

Es ist auch wichtig, zu beachten, dass Investieren ein langfristiger Prozess ist. Es erfordert Geduld und Disziplin, um langfristige Gewinne zu erzielen. Wenn Sie sich dafür entscheiden, in etwas zu investieren, sollten Sie es langfristig betrachten und nicht auf kurzfristige Gewinne hoffen.

Schließlich sollten Sie bedenken, dass finanzielle Entscheidungen nicht nur für Sie, sondern auch für Ihre Familie und Ihre Zukunft von Bedeutung sind. Es ist wichtig, Ihre Finanzen im Auge zu behalten und kluge Entscheidungen zu treffen, um eine sichere und stabile Zukunft aufzubauen. Mit einer soliden Finanzplanung und einem ausgewogenen Ansatz können Sie Ihre finanziellen Ziele erreichen und ein Leben ohne finanzielle Sorgen führen.

Erster Geheimtipp:

Ein Weg Spontankäufe ohne schlechtes Gewissen zu tätigen ist sich vorzunehmen nur etwas zu kaufen wenn man im gleichen Wert auch sein Geld an die Arbeit schickt. Als Beispiel wieder ein Videospiel für sagen wir 60€ nun checken wir unsere Finanzen und stellen fest das es kein Problem ist und uns noch mehr als das doppelte Geld übrig bleibt. Daraufhin kaufen wir uns das begehrte Videospiel, aber investieren auch, sobald wir die Möglichkeit dazu haben, 60€ um unser Portfolio aufzubauen.

So bauen wir Vermögen für die Zukunft auf indem wir einen Teil unseres Geldes an die Arbeit schicken und einen anderen Teil für unser Vergnügen ausgeben.

Fortgeschrittener Geheimtipp:

Nachdem Sie bereits erfolgreich ein ordentliches Portfolio aufgebaut haben (Natürlich nicht direkt zu beginn möglich) nutzen Sie das Passive Einkommen das Sie aus diesem monatlich generieren und teilen es 50/50 auf, 50% für Konsumgüter und 50% reinvestieren um das Portfolio weiter aufzubauen und in Zukunft flexibler zu sein.

Bonus:

Je mehr Sie heute investieren, desto mehr können Sie später Konsumieren.

Was habe ich gelernt?

Was habe ich gelernt?

Kapitel 2: Die Kunst der Budgetierung: Wie man mehr spart und weniger ausgibt

Budgetierung ist der Prozess der Planung, wie man sein Geld ausgibt. Es hilft uns, den Überblick über unsere Finanzen zu behalten und sicherzustellen, dass wir nicht mehr ausgeben, als wir haben. Eine effektive Budgetierung kann uns auch helfen, mehr zu sparen und unsere finanziellen Ziele schneller zu erreichen.
Der erste Schritt bei der Erstellung eines Budgets ist das Verständnis unserer Einnahmen und Ausgaben. Wie viel Geld kommt jeden Monat rein? Und wie viel geben wir aus? Es ist wichtig, alle unsere Ausgaben zu berücksichtigen, von den großen monatlichen Rechnungen bis zu den kleinen täglichen Ausgaben.

Einmal haben wir einen klaren Überblick über unsere Finanzen, können wir anfangen, Entscheidungen darüber zu treffen, wo wir Kürzungen vornehmen können. Vielleicht entdecken wir, dass wir zu viel Geld für Essen ausgeben oder dass wir jeden Monat zu viel für Unterhaltung ausgeben. Mit einem Budget können wir diese Bereiche identifizieren und Änderungen vornehmen.

Budgetierung erfordert Disziplin und Engagement, aber die Belohnungen sind es wert. Mit einem effektiven Budget können wir mehr sparen, Schulden schneller abbezahlen und unsere finanziellen Ziele erreichen.

Ein weiterer Vorteil der Budgetierung ist, dass sie uns hilft, unsere Prioritäten zu setzen. Wenn wir unsere finanziellen Ziele kennen, können wir entscheiden, welche Ausgaben am wichtigsten sind und welche weniger wichtig sind. Wir können uns auf die Dinge konzentrieren, die uns wirklich wichtig sind, ob das nun der Kauf eines Hauses oder die Finanzierung einer Weltreise ist.

Es ist auch wichtig zu bedenken, dass ein Budget kein starres Konzept ist. Es kann und sollte angepasst werden, wenn sich unsere finanzielle Situation ändert oder wenn unsere Ziele sich ändern. Ein Budget ist ein lebendiges Dokument, das uns helfen soll, unsere finanziellen Ziele zu erreichen, aber es sollte auch flexibel genug sein, um Änderungen zu berücksichtigen.

Schließlich ist es wichtig zu betonen, dass Budgetierung kein Selbstzweck ist. Es geht nicht darum, so viel Geld wie möglich zu sparen oder so wenig wie möglich auszugeben. Es geht darum, ein Gleichgewicht zu finden, das unsere finanziellen Ziele und unsere Lebensqualität berücksichtigt. Ein effektives Budget sollte uns helfen, unsere Ziele zu erreichen, ohne unser Leben zu stark zu beeinträchtigen.

Die Budgetierung kann auch dazu beitragen, uns für unerwartete Ausgaben vorzubereiten. Indem wir einen Notfallfonds einplanen und in unser Budget integrieren, können wir uns auf unvorhergesehene Ereignisse wie Autoreparaturen oder medizinische Notfälle vorbereiten, ohne dass wir uns finanziell überfordert fühlen.

Ein weiterer Vorteil der Budgetierung ist auch, dass sie uns ein besseres Verständnis für unsere finanzielle Situation gibt. Wir wissen genau, wie viel wir verdienen, wie viel wir ausgeben und wie viel wir sparen können. Das kann uns ein Gefühl der Kontrolle über unsere Finanzen geben und uns dabei helfen, uns auf unsere Ziele zu konzentrieren. Insgesamt kann die Budgetierung uns dabei helfen, unsere finanziellen Ziele zu erreichen und uns ein Gefühl der Sicherheit und Kontrolle über unsere Finanzen geben.

Durch die Budgetierung können wir auch unsere Ausgaben besser kontrollieren und unnötige Kosten eliminieren. Indem wir unser Budget regelmäßig überprüfen und analysieren, können wir feststellen, wo wir Geld sparen können und welche Ausgaben unnötig sind. Das kann uns dabei helfen, unsere finanziellen Ressourcen effektiver zu nutzen und uns auf die Dinge zu konzentrieren, die uns wirklich wichtig sind.

Ein weiterer wichtiger Aspekt der Budgetierung ist die Planung unserer langfristigen finanziellen Ziele. Indem wir unser Budget entsprechend unseren Zielen und Prioritäten ausrichten, können wir uns auf die Zukunft vorbereiten und sicherstellen, dass wir unser Vermögen aufbauen und unsere Träume verwirklichen können. Ob es darum geht, für den Ruhestand zu sparen, ein Eigenheim zu kaufen oder eine Ausbildung zu finanzieren, die Budgetierung kann uns dabei helfen, unsere Ziele zu erreichen und ein finanziell stabiles Leben zu führen.

Insgesamt bietet die Budgetierung viele Vorteile und kann uns dabei helfen, unsere finanzielle Gesundheit zu verbessern und unsere Ziele zu erreichen. Indem wir uns Zeit nehmen, um unser Budget zu planen und zu überwachen, können wir uns auf ein finanziell erfolgreiches Leben vorbereiten und uns ein Gefühl der Sicherheit und Kontrolle über unsere Finanzen geben.

Nachteile der Budgetierung sind der reine Zeitaufwand und das böse erwachen wenn man weniger Geld im Monat zur Verfügung hat als einem Lieb ist, allerdings muss dieser Schritt gemacht und konstant weitergeführt werden, da nur so Kontrolle in die Finanzen gebracht werden kann.

Wenn Sie Beispielweise 2 Millionen Euro im Monat verdienen aber 1,999999 Millionen Euro im Monat ausgeben haben Sie auch nur 1€ übrig. Das bedeutet Budgetierung ist für alle Einkommensklassen relevant und essentiell

Zweiter Geheimtipp:

Eine ordentliche Budgetierung muss nicht bedeuten das jeden Monat ein enormer Aufwand dafür notwendig ist. Gehen Sie den einfachen Weg und legen Sie sich Ihre Fixkosten die sich über das ganze Jahr verteilen und sich auch monatlich abweichen können zusammen und berechnen Sie den monatlichen Durchschnitt. Mit diesem Durchschnitt an ausgaben legen Sie einen gewissen Betrag (in der Regel reichen dafür 10-15% aus) als Knautschzone fest die zusätzlich zu den kommenden oder bestehenden Kosten nicht angefasst wird. Dieses Geld ist für Notfälle oder für zukünftige Investments.

Fortgeschrittener Geheimtipp:

Bleiben Ihnen (Egal wieviel Sie aktuell verdienen), nachdem Sie alle Ausgaben getätigt oder für zukünftige Abweichungen auf Seite gelegt haben, ein paar Euro übrig? Ja? Dann haben Sie die perfekte Voraussetzung um Ihren Weg in die Finanzielle Freiheit zu starten, denn Sie können sich bereits jetzt informieren wie Sie ihr Geld am besten an die Arbeit für Sie schicken, so dass es sich selbst vermehrt. Jeder Euro zählt, denn Kleinvieh macht bekanntlich auch misst und kann sehr schnell über Jahre hinweg kommulieren und beachtliche Beträge einfahren.

Bonus:

Jeder Euro den Sie (egal wie Sie anlegen möchten) an die Arbeit geschickt haben, hat das potential für Sie jeden Monat zusätzliches Geld zu verdienen.

Was habe ich gelernt?

Was habe ich gelernt?

Kapitel 3: Investieren für Anfänger: Erste Schritte in die Welt der Finanzen

Investieren kann einschüchternd wirken, besonders wenn man neu in der Welt der Finanzen ist. Aber mit der richtigen Anleitung und den richtigen Informationen kann jeder lernen, kluge Investitionsentscheidungen zu treffen.

Der erste Schritt beim Investieren ist das Verständnis der Grundlagen. Was sind Aktien? Was sind Anleihen? Wie funktionieren Investmentfonds? Es ist wichtig, sich mit diesen Konzepten vertraut zu machen, bevor man sein Geld investiert.

Ein weiterer wichtiger Aspekt beim Investieren ist das Risikomanagement. Jede Investition birgt Risiken, aber es gibt Strategien, um diese Risiken zu minimieren. Diversifikation, oder die Verteilung Ihres Geldes auf verschiedene Investitionen, ist eine solche Strategie. Indem Sie Ihr Geld diversifizieren, können Sie das Risiko von großen Verlusten reduzieren.

Es ist auch wichtig, realistische Erwartungen zu haben. Investieren ist kein schneller Weg zum Reichtum. Es erfordert Geduld, Forschung und eine langfristige Perspektive. Aber mit der Zeit und der richtigen Strategie kann Investieren Ihnen helfen, Ihr Vermögen zu vermehren und Ihre finanziellen Ziele zu erreichen.

Ein weiterer wichtiger Schritt ist die Festlegung Ihrer Investitionsziele und Ihrer Risikobereitschaft. Möchten Sie in kurzfristige oder langfristige Anlagen investieren? Sind Sie bereit, höhere Risiken einzugehen, um potenziell höhere Renditen zu erzielen? Oder bevorzugen Sie sicherere, aber möglicherweise weniger rentable Anlagen?

Es ist auch ratsam, sich über die verschiedenen Arten von Konten und Anlageinstrumenten zu informieren, die verfügbar sind. Einige gängige Optionen umfassen Aktien, Anleihen, Investmentfonds, Exchange Traded Funds (ETFs), Optionen und Futures. Jeder hat seine eigenen Vor- und Nachteile, daher ist es wichtig, die Unterschiede zu verstehen und zu entscheiden, welche für Ihre Ziele und Bedürfnisse am besten geeignet sind. Hier sind die genannten Anlagemöglichkeiten kurz erklärt:

Aktien:
Erklärung: Aktien repräsentieren einen Eigentumsanteil an einem Unternehmen. Wenn Sie Aktien eines Unternehmens kaufen, werden Sie zu einem Aktionär und haben Anspruch auf einen Teil der Gewinne des Unternehmens.

Beispiel: Wenn Sie Aktien von Apple Inc. kaufen, besitzen Sie einen kleinen Teil des Unternehmens und können von Dividendenausschüttungen und möglichen Kurssteigerungen profitieren.

Anleihen:
Erklärung: Anleihen sind Schuldverschreibungen, die von Unternehmen oder Regierungen ausgegeben werden, um Kapital zu beschaffen. Im Gegenzug für Ihr Geld zahlt der Emittent Ihnen Zinsen und gibt am Ende der Laufzeit den Nennwert der Anleihe zurück.

Beispiel: Wenn die deutsche Regierung eine Staatsanleihe ausgibt, können Sie diese kaufen und erhalten regelmäßige Zinszahlungen bis zum Ende der Laufzeit.

Investmentfonds:
Erklärung: Ein Investmentfonds sammelt Geld von vielen Anlegern und investiert dieses Geld in eine Vielzahl von Wertpapieren, wie Aktien oder Anleihen.

Beispiel: Ein globaler Aktienfonds könnte in Unternehmen aus der ganzen Welt investieren, um Diversifikation und potenzielle Renditen für seine Anleger zu bieten.

Exchange Traded Funds (ETFs):
Erklärung: ETFs ähneln Investmentfonds, werden aber an Börsen gehandelt wie Aktien. Sie verfolgen in der Regel einen bestimmten Index.

Beispiel: Ein DAX-ETF würde versuchen, die Performance des DAX-Index nachzubilden, indem er in die im Index enthaltenen Unternehmen investiert.

Optionen:
Erklärung: Optionen geben dem Käufer das Recht, aber nicht die Pflicht, ein Wertpapier zu einem bestimmten Preis innerhalb eines bestimmten Zeitraums zu kaufen oder zu verkaufen.

Beispiel: Sie könnten eine Call-Option für Apple-Aktien kaufen, die Ihnen das Recht gibt, die Aktie zu einem festgelegten Preis innerhalb der nächsten drei Monate zu kaufen.

Achtung! Hochrisiko Geschäft bei dem eine sehr schnell sehr viel Geld verloren werden kann, meist nur im Daytrading genutzt. Selbst mit viel Erfahrung würde ich persönlich mein Geld lieber anders investieren.

Futures:
Erklärung: Futures sind Verträge, die den Kauf oder Verkauf eines Vermögenswerts zu einem festgelegten Preis zu einem bestimmten zukünftigen Datum vorsehen.

Beispiel: Ein Landwirt könnte einen Future-Vertrag abschließen, um seine Ernte zu einem festgelegten Preis in sechs Monaten zu verkaufen, um sich gegen Preisschwankungen abzusichern.

Achtung! Hochrisiko Geschäft das nur in sehr wenigen Fällen Sinn macht. Nichts für Anfänger!

Schließlich sollten Sie eine gute Beziehung zu einem vertrauenswürdigen Finanzberater aufbauen, der Ihnen bei allen Fragen und Bedenken helfen kann. Ein guter Berater kann Ihnen auch helfen, eine maßgeschneiderte Investitionsstrategie zu entwickeln, die auf Ihre individuellen Ziele und Bedürfnisse zugeschnitten ist.

Investieren kann eine großartige Möglichkeit sein, Ihr Vermögen zu vermehren und Ihre finanziellen Ziele zu erreichen. Mit der richtigen Anleitung und den richtigen Informationen können auch Anfänger kluge Investitionsentscheidungen treffen und in die Welt der Finanzen einsteigen.

Abschließend noch ein Beispiel zur Risikobereitschaft:

Herr Müller hat 10.000 €, die er investieren möchte. Er hat die Wahl zwischen einem sicheren Sparkonto mit einer garantierten jährlichen Rendite von 1% und einer Investition in Aktien, bei der die Rendite unsicher ist, aber in guten Jahren bis zu 10% oder mehr betragen kann.

Nach gründlicher Überlegung und Analyse seiner finanziellen Situation und Ziele entscheidet sich Herr Müller, 70% seines Geldes in Aktien zu investieren und den Rest auf dem Sparkonto zu belassen. Er ist sich bewusst, dass der Aktienmarkt volatil ist und er Geld verlieren könnte, aber er ist auch bereit, dieses Risiko einzugehen, um die Chance auf eine höhere Rendite zu haben.

Herr Müller ist bereit, kurzfristige Marktschwankungen zu akzeptieren, da er an das langfristige Wachstumspotenzial des Marktes glaubt.

Berechnung für 10 Jahre perfektes Wachstum:

- Herr Müller investiert 70% von 10.000 €, also 7.000 €, in Aktien.
- Die restlichen 30%, also 3.000 €, legt er auf einem Sparkonto mit einer garantierten jährlichen Rendite von 1% an.
- Die Aktien bringen im besten Fall eine jährliche Rendite von 10%.

Berechnung:

1. Sparkonto:
Jährliche Rendite = 3.000 € * 1% = 30 €
Nach 10 Jahren:
Hauptbetrag + (jährliche Rendite * 10 Jahre)
= 3.000 € + (30 € * 10)
= 3.000 € + 300 €
= 3.300 €

2. Aktien:
Für die Aktien verwenden wir die Formel für den Zinseszins, da die Rendite jedes Jahr auf den erhöhten Betrag berechnet wird:
Endbetrag = Hauptbetrag * (1 + Rendite)^Jahre
= 7.000 € * (1 + 10%)^10
= 7.000 € * (1,10)^10
= 7.000 € * 2,59374 (gerundet auf 5 Stellen)
= 18.156,18 €

Gesamtbetrag nach 10 Jahren im Bestfall:
= Sparkonto + Aktien
= 3.300 € + 18.156,18 €
= 21.456,18 €

Im besten Fall hätte Herr Müller nach 10 Jahren 21.456,18 €.

Hätte Herr Müller nun volles Risiko (also die kompletten 10.000€ investiert) eingesetzt wären im Bestfall 25.937,40€ dabei herausgekommen.

Hätte er aber nur 10% investiert also lediglich 1000€ in Aktien und den Rest auf das Sparkonto, so würden dabei nur 12493,74€ herauskommen, was weniger als die hälfte seines möglichen Gewinns ausmacht.

Dieses Beispiel zeigt Herrn Müllers Risikobereitschaft. Er hat seine finanzielle Situation und seine Ziele bewertet und ist bereit, ein höheres Risiko einzugehen, um potenziell höhere Renditen zu erzielen. Jeder Anleger hat eine andere Risikotoleranz, und es ist wichtig, diese zu erkennen und Investitionsentscheidungen entsprechend zu treffen.

Es ist wichtig sein eigenes Risikopotential zu kennen, es macht in fast keinem Fall Sinn entweder alles zu investieren oder gar nichts zu investieren, jeder hat irgendwo seine goldene Mitte in der er sich wohlfühlen kann und sein Geld sich vermehren kann.

Dritter Geheimtipp:

Denken Sie beim Investieren an einen Schneeball und stellen Sie sich einfach vor je mehr Sie investieren desto größer wird er, je größer der Schneeball im laufe der Jahre wird, desto mehr Schnee nimmt er automatisch beim Bergab rollen (Zeitverlauf) auf und wächst immer schneller von Alleine weiter und je mehr Sie dazugeben desto größer wird er.

Fortgeschrittener Geheimtipp:

Legen Sie jeden Monat zu Ihrem festen Betrag den Sie investieren einen zusätzlichen Betrag als Ziel fest das Sie entweder dazuverdienen wollen um noch mehr zu investieren oder das Sie an anderer Ecke einsparen wollen um Ihr Vermögen weiter aufzubauen. Nutzen Sie dieses zusätzlich verdiente oder eingesparte Geld um den Schneeball schneller größer werden zu lassen und genießen Sie den Blick auf das wachsende Depot.

Bonus:

Je mehr Sie investieren desto mehr Dividende/Rendite arbeitet für Sie. Mit dieser Motivation können Sie von exponentiellem Wachstum gebrauch machen und je mehr Geld davon in Ihr Depot fließt desto mehr bleibt am Ende für Konsumgüter übrig die Ihnen Ihre Freizeit versüßen.

Was habe ich gelernt?

Was habe ich gelernt?

Kapitel 4: Der Wert von Aktien: Warum in Unternehmen investieren?

Aktien repräsentieren einen Anteil an einem Unternehmen. Wenn Sie Aktien eines Unternehmens kaufen, werden Sie zu einem Teilhaber dieses Unternehmens. Aber warum sollten Sie in Unternehmen investieren?

Erstens können Aktien eine gute Rendite bieten. Historisch gesehen haben Aktien eine höhere Rendite erzielt als andere Investitionen wie Anleihen oder Sparkonten. Natürlich gibt es keine Garantie für zukünftige Renditen, aber Aktien bieten das Potenzial für signifikantes Wachstum.

Zweitens zahlen viele Unternehmen Dividenden an ihre Aktionäre. Dies sind regelmäßige Zahlungen, die aus den Gewinnen des Unternehmens stammen. Dividenden können eine zusätzliche Einkommensquelle für Investoren sein, besonders wenn sie regelmäßig reinvestiert werden.

Schließlich ermöglichen Aktien den Investoren, von der Wirtschaftskraft und dem Wachstum von Unternehmen zu profitieren. Wenn ein Unternehmen erfolgreich ist und wächst, steigt in der Regel auch der Wert seiner Aktien. Durch den Kauf von Aktien können Sie an diesem Wachstum teilhaben.

Die Möglichkeit, von der Wirtschaftskraft und dem Wachstum von Unternehmen zu profitieren, ist einer der Hauptgründe, warum viele Menschen in Aktien investieren.

Durch den Kauf von Aktien kann man sich an einem Unternehmen beteiligen und von dessen Erfolg profitieren. Wenn ein Unternehmen wächst und erfolgreich ist, steigt der Wert seiner Aktien in der Regel an. Das bedeutet, dass Investoren, die frühzeitig in ein Unternehmen investiert haben, einen erheblichen Gewinn erzielen können.

Allerdings ist es wichtig, sich bewusst zu sein, dass Aktien auch mit Risiken verbunden sind und dass es keine Garantie gibt, dass ein Unternehmen erfolgreich sein wird. Daher ist es ratsam, sich sorgfältig über ein Unternehmen und dessen Zukunftsaussichten zu informieren, bevor man in Aktien investiert.

Eine Möglichkeit, dies zu tun, ist durch eine gründliche Analyse der Unternehmensfinanzen und des Marktumfelds. Es ist auch wichtig, regelmäßig die Aktienkurse zu verfolgen und auf Veränderungen im Markt zu achten. Eine weitere Option ist die Beratung durch einen Finanzexperten, der einem bei der Entscheidungsfindung und Portfolioverwaltung helfen kann.

Dennoch ist es wichtig zu beachten, dass jeder Anlageentscheidung auch ein gewisses Maß an Unsicherheit und Risiko innewohnt. Es ist daher ratsam, nur einen Teil des verfügbaren Kapitals in Aktien zu investieren und den Rest in andere Anlageformen zu diversifizieren. Auf diese Weise kann man das Risiko minimieren und dennoch von den Chancen profitieren, die Aktien als Anlageklasse bieten können.

Auch ist es wichtig (gerade bei Einzelaktien) sich nicht auf den Mainstream einzulassen und nur dort zu investieren wo es gerade jeder macht. Wenn jeder sein Geld gerade auf den Weg bringt in das Unternehmen zu investieren ist die Wahrscheinlichkeit sehr hoch das Profi-Investoren bereits vor langer Zeit ihren Absprung geplant haben, was für uns bedeutet wir investieren unser Geld, steigen kurz mit der Aktie an und fallen dann wieder weiter herunter als es uns lieb ist.

Dabei ist zu beachten das dies natürlich nicht immer der Fall ist, aber je mehr Menschen etwas gut finden und als "Die perfekte Anlagemöglichkeit" sehen desto kritischer sollten Sie es betrachten, denn am Ende ist es IHR! Geld das Sie aufs Spiel setzen und nicht das der Gurus die Sie dazu gebracht haben.

Eine gute Recherche reicht meistens aus um ein gutes Gefühl für das Investment zu bekommen, allerdings sollten Sie sich immer bewusst sein das jedes Angelegte Geld auch weniger werden kann oder sogar komplett wertlos werden kann wie beispielsweise im Falle Wirecard.

Deshalb sollten Sie als Investor immer eine gewisse Skepsis mitbringen und nicht blind jedem Trend folgen. Eine ausführliche Analyse und Bewertung des Unternehmens, seiner Produkte und der Branche ist unerlässlich, um ein realistisches Bild der zukünftigen Entwicklungen zu erhalten.

Auch sollten Sie sich immer über die Risiken im Klaren sein und nur Geld investieren, das Sie im schlimmsten Fall auch verlieren können, ohne in finanzielle Schwierigkeiten zu geraten. Letztendlich liegt die Verantwortung für Ihre Investitionsentscheidungen bei Ihnen und nicht bei anderen. Nur so können Sie langfristig erfolgreich an der Börse agieren.

Die Skepsis kommt leider mit der Zeit, aber je mehr Sie investieren und desto mehr Fehler Sie machen, desto schneller lernen Sie daraus und wissen worauf es ankommt. Geld vermehren muss gelernt sein und es ist wichtig das Sie den mutigen Schritt gehen und sich zumindest den Bereich der Aktien dafür ansehen, denn hier ist es relativ Simpel sein Geld auf den Weg zu bringen.

Eine weitere, gerade für Anfänger besser geeignetere, Anlagemöglichkeit ist ein ETF, oder Exchange Traded Fund. Ein ETF ist ein Investmentfonds, der an der Börse gehandelt wird, ähnlich wie eine Aktie. Er verfolgt in der Regel einen bestimmten Index, wie zum Beispiel den DAX in Deutschland oder den S&P 500 in den USA. Das bedeutet, dass ein ETF versucht, die Performance eines bestimmten Marktes oder Marktsegments nachzubilden.

Zuerst eine Erklärung zu dem Index selbst um Sie als Anfänger abzuholen oder wenn Sie sich bereits auskennen Ihr Wissen aufzufrischen:

DAX:
Der DAX, kurz für "Deutscher Aktienindex", ist der wichtigste Aktienindex in Deutschland.

Er repräsentiert die 30 größten und umsatzstärksten Unternehmen, die an der Frankfurter Wertpapierbörse gelistet sind. Der DAX wird als Leitindex für den deutschen Aktienmarkt betrachtet und gibt einen guten Überblick über die wirtschaftliche Entwicklung der größten deutschen Unternehmen und damit auch über die allgemeine Wirtschaftslage in Deutschland.

Die Zusammensetzung des DAX wird regelmäßig überprüft und kann sich ändern, je nachdem, wie sich die Marktkapitalisierung und der Börsenumsatz der Unternehmen entwickeln. Unternehmen wie Siemens, Volkswagen, Deutsche Bank und Bayer sind Beispiele für Unternehmen, die im DAX gelistet sind oder waren.

S&P 500:
Der S&P 500, oder Standard & Poor's 500, ist ein amerikanischer Aktienindex, der die Aktien von 500 der größten börsennotierten Unternehmen in den USA umfasst. Er wird oft als der beste Indikator für den allgemeinen Zustand des US-Aktienmarktes betrachtet und als Benchmark für viele Investoren und Fondsmanager verwendet.

Der S&P 500 ist marktkapitalisierungsgewichtet, was bedeutet, dass Unternehmen mit einer höheren Marktkapitalisierung einen größeren Einfluss auf den Index haben. Zu den Unternehmen, die im S&P 500 gelistet sind, gehören bekannte Namen wie Apple, Microsoft, Amazon und Google's Muttergesellschaft Alphabet.

Nun zurück zu den ETFs

Hauptmerkmale von ETFs:

1. Diversifikation: Ein ETF enthält oft viele verschiedene Wertpapiere, was bedeutet, dass Anleger mit dem Kauf eines einzigen ETFs in viele verschiedene Unternehmen oder Anleihen investieren können. Dies bietet eine sofortige Diversifikation und kann das Risiko reduzieren.
2. Liquidität: Da ETFs an der Börse gehandelt werden, können sie jederzeit während der Handelszeiten gekauft oder verkauft werden, genau wie Aktien.
3. Kosteneffizienz: ETFs haben in der Regel niedrigere Gebühren als traditionelle Investmentfonds, da die meisten passiv verwaltet werden und einen Index nachbilden.
4. Transparenz: ETFs veröffentlichen täglich ihre Bestände, sodass Anleger genau wissen, in welche Wertpapiere ihr Geld investiert ist.
5. Flexibilität: Anleger können ETFs kaufen und verkaufen, Leerverkäufe tätigen, sie kaufen auf Margin oder sogar Optionen auf sie handeln, je nachdem, wie der spezifische ETF strukturiert ist.

Beispiel: Ein ETF, der den DAX-Index nachbildet, würde in die 30 größten börsennotierten Unternehmen in Deutschland investieren. Wenn der DAX an einem Handelstag um 2% steigt, würde man erwarten, dass der ETF ebenfalls um etwa 2% steigt (abzüglich Gebühren und Kosten).

Zusammenfassend lässt sich sagen, dass ETFs eine beliebte Wahl für viele Anleger sind, da sie eine einfache und kosteneffiziente Möglichkeit bieten, in breite Marktsegmente zu investieren.

Worauf aber gerade Anfänger achten müssen sind vor allem die Kosten die ein ETF mitbringen kann, denn ein ETF hat zwar das Potential das Geld über die Jahre exponentiell wachsen zu lassen, aber dieses kann schnell durch zu hohe Kosten stark abgeflacht werden. Hier kurz etwas Mathe zur Herleitung, aber der Fokus liegt auf dem Ergebnis.

- Regelmäßiger Beitrag (in diesem Fall 400€ pro Monat)
- Monatliche Rendite
- Anzahl Monate

ETF 1:
- Wachstum: 7% pro Jahr
- Investitionskosten: 0,5% pro Jahr
- Effektive Jahresrendite: 7% - 0,5% = 6,5%

ETF 2:
- Wachstum: 8% pro Jahr
- Investitionskosten: 3% pro Jahr
- Effektive Jahresrendite: 8% - 3% = 5%

Berechnung für ETF 1: ≈502.752,88€
Berechnung für ETF 2: ≈457.619,44€

Ergebnis: Nach 30 Jahren hätte eine monatliche Investition von 400€ in:

- ETF 1 einen Wert von ungefähr 502.752,88€
- ETF 2 einen Wert von ungefähr 457.619,44€

Obwohl ETF 2 eine höhere Wachstumsrate hat, reduzieren die höheren Investitionskosten den effektiven Ertrag, wodurch der Endwert niedriger ist als bei ETF 1. Dies unterstreicht die Bedeutung der Berücksichtigung von Kosten bei Investitionsentscheidungen.

Das war natürlich nur ein rein theoretisches Beispiel, aber ich selbst würde lügen wenn mich ein ETF mit 8 oder 9% Rendite nicht auch reizen kann, aber leider achtet man (gerade am Anfang) zu selten auf die Kosten, denn dann ist es schwer bei anderen ETFs mitzuhalten die meist sogar noch besser Performen, da sie keine Manager haben.

Nachdem ich selbst viel hin und her getestet habe, kann ich Ihnen meine persönliche Meinung zu ETFs ganz klar geben und zwar: Genial und Simpel, nur darauf kommt es an.

Ein ETF das sich lediglich an einen Index wie den DAX hält kann nur Geld verlieren wenn in Deutschland die Leistungsstärksten Unternehmen Geld verlieren, bei einem Aktiv gemanageten ETF kann der Manager jederzeit mit dem Geld hantieren und es genau so schnell verlieren.

Vierter Geheimtipp:

Suchen Sie sich zum Start ein ETF das sich an einem Index orientiert wie MSCI World oder ähnliche um eine saubere Basis aufzubauen. Hier ist es essentiell wichtig sicher zu investieren und ohne hohe Kosten das exponentielle Wachstum in gang zu bringen. Nun aber was können wir tun? Wenn wir uns an einen Berater bei der Bank wenden wird er uns sehr wahrscheinlich ein ordentliches Produkt anbieten, aber es wird auch mit Kosten oder unnötigem Risiko verbunden sein, deshalb empfehle ich Ihnen sich im Voraus schlau zu machen, welches ETF zu Ihnen passt um daraufhin die Kosten zu vergleichen, am Ende möchte jeder nur Ihr bestes und das ist (leider) Ihr Geld, weswegen Sie sich nicht zu scheuen brauchen verschiedene Angebote einzuholen. Wenn Ihnen Ihr Bänker zum Beispiel zwei ETFs anbietet sollten Sie direkt nach weiteren Angeboten zum Vergleich fragen, gezielt nach geringeren Kosten und gezielt nach höheren Erträgen um am Ende die bestmögliche Wahl für Sie selbst zu treffen.

Fortgeschrittener Geheimtipp:

Bauen Sie sich Ihr eigenes ETF aus Einzelaktien auf (bitte erst nachdem eine ordentliche Basis vorhanden ist), da hier mehr Risiko im Spiel ist sind auch die möglichen Gewinne höher, zudem entscheiden Sie hier gezielt in welche Unternehmen Sie investieren und auch wieviel Sie jeweils von Ihrem hart verdienten Geld in welche Aktie stecken. Diese Freiheit kann sich bezahlt machen, erfordert aber eine sehr gute Recherche und eine hohe Risikobereitschaft.

Was habe ich gelernt?

Kapitel 5: Die Psychologie des Kaufens: Warum geben wir Geld aus?

Unsere Kaufentscheidungen werden von einer Vielzahl von Faktoren beeinflusst, von unseren Emotionen bis zu externen Einflüssen wie Werbung. Es ist wichtig, diese Faktoren zu verstehen, um kluge finanzielle Entscheidungen treffen zu können.

Oft geben wir Geld aus, um emotionale Bedürfnisse zu befriedigen. Ein neues Kleidungsstück kann uns selbstbewusster fühlen lassen. Ein teures Abendessen kann uns das Gefühl geben, uns selbst zu verwöhnen. Es ist nichts Falsches daran, sich selbst zu verwöhnen, aber es ist wichtig, diese Ausgaben im Kontext unseres gesamten Budgets zu sehen.

Werbung kann auch einen großen Einfluss auf unsere Kaufentscheidungen haben. Werbetreibende sind Experten darin, unsere Wünsche und Bedürfnisse anzusprechen und uns davon zu überzeugen, dass ihr Produkt oder ihre Dienstleistung die Antwort ist. Es ist wichtig, kritisch über Werbung nachzudenken und sich zu fragen, ob das beworbene Produkt wirklich einen Wert für uns hat.

Ein weiterer Faktor, der unser Kaufverhalten beeinflusst, ist die soziale Norm. Wir neigen dazu, uns an den Kaufentscheidungen unserer Freunde und Familie zu orientieren. Wenn unser Umfeld bestimmte Produkte oder Marken bevorzugt, ist es wahrscheinlicher, dass auch wir diese kaufen.

Es ist wichtig, sich bewusst zu sein, dass unser Umfeld nicht immer die beste Entscheidungsgrundlage ist und dass wir unsere eigenen Bedürfnisse und Wünsche berücksichtigen sollten.

Ein weiterer Faktor, der unsere Kaufentscheidungen beeinflussen kann, ist der soziale Druck. Wir können uns gezwungen fühlen, bestimmte Produkte zu kaufen, um mit anderen mitzuhalten oder um uns zu einer bestimmten Gruppe zugehörig zu fühlen. Es ist jedoch wichtig, sich daran zu erinnern, dass unser eigener Geschmack und unsere eigenen Bedürfnisse wichtiger sind als der soziale Druck.

Eine weitere wichtige Überlegung bei der Kaufentscheidung ist die Qualität des Produkts. Es kann verlockend sein, für ein günstigeres Produkt zu gehen, aber wenn es von minderer Qualität ist, kann es sich langfristig als teurer erweisen, da es schneller ersetzt werden muss. Es ist daher ratsam, Produkte zu wählen, die länger halten und von besserer Qualität sind.

Zusätzlich kann auch der Preis eines Produkts eine Rolle spielen. Ein niedriger Preis kann uns dazu verleiten, impulsiv zu kaufen, während ein hoher Preis uns davon abhalten kann. Es ist wichtig, den Wert eines Produkts oder einer Dienstleistung zu berücksichtigen und nicht nur den Preis.

Letztendlich ist es wichtig, eine bewusste Kaufentscheidung zu treffen, die auf unseren individuellen Bedürfnissen und Werten basiert. Indem wir uns über die verschiedenen Faktoren bewusst sind, die unser Kaufverhalten beeinflussen, können wir kluge finanzielle Entscheidungen treffen und unser Geld für die Dinge ausgeben, die uns am wichtigsten sind.

Nun haben wir viele Faktoren ganz Allgemein betrachtet und jeweils nur die Oberfläche angekratzt, das war aber nicht ganz unbeabsichtigt, denn ich Hoffe das Sie viele dieser Punkte schon gekannt haben und vielleicht beim Lesen sogar die Augen gerollt haben, darüber wie einfach es hier beschrieben ist. Genau das war mein Ziel, denn es kann wirklich so einfach sein... WENN! man Aktiv darauf achtet.

Es ist essentiell sich bewusst zu sein was man kauft, und noch wichtiger ist es sich die Zeit zu nehmen bevor man für etwas sein hart verdientes Geld ausgibt, denn sobald das Geld ausgegeben wurde kehrt es nur selten wieder zurück.

Suchen Sie Aktiv nach den genannten Punkten wenn Sie das nächste mal die Verlockung spüren sich etwas zu gönnen und sehen Sie ob es wirklich nur eine geschickte Werbeaktion war die Sie mitgerissen hat, oder ob Sie ein wirkliches Bedürfnis nach dem Produkt haben.

Sie werden schnell merken das sparen einfacher sein kann als man denkt.

Fünfter Geheimtipp:

Fällt es Ihnen weiterhin schwer auf Impulskäufe zu verzichten? Dann nutzen Sie die Folgende Rechnung:

Rechnen Sie ihr Geld in die Zeit um die Sie Arbeiten müssen um ersehntes Produkt zu kaufen und setzen es in Relation mit der gearbeiteten Zeit.

Verdienen Sie beispielsweise 20€ pro Stunde (gerne mit Brutto rechnen um es schnell im Kopf umzuwerfen), dann kostet Sie in Zukunft ein Videospiel das 60€ kostet keine 60€ mehr sondern 3 Stunden Ihrer Zeit.

Mit dieser Rechnung können Sie auch noch ein paar Schritte weitergehen, denn wenn Sie nun, aus dem Beispiel, das Videospiel zwar 3 Stunden Zeit kostet, es Ihnen aber 40+ Stunden Spaß bringt, dann ist es eine relativ simple Entscheidung. Genauso leicht nimmt es Ihnen auch die Entscheidung ab wenn es sich um ein Produkt für 20€ handelt das Ihnen aber höchstens eine halbe Stunde Spaß bringt, der Spaß kann noch so schön sein, das Geld ist Weg und die Zeit auch.

Fortgeschrittener Geheimtipp:

Nutzen Sie die Rechnung und gehen noch ein paar Schritte weiter und denken: "Wenn ich jetzt 50€ Spare, kann ich dieses Geld am Ende vom Monat mehr investieren, dadurch beschleunige ich meinen Weg zur Finanziellen Freiheit". Kostenlose Motivation zum Sparen und zum investieren Zeitgleich, gerade wenn man schon Investiert kann man dadurch erst richtig Spaß daran gewinnen.

Was habe ich gelernt?

Kapitel 6: Langfristige vs. kurzfristige Investitionen: Was ist besser für Sie?

Bei der Investition müssen Sie entscheiden, ob Sie langfristig oder kurzfristig investieren möchten. Beide Ansätze haben ihre Vor- und Nachteile, und die beste Wahl hängt von Ihren finanziellen Zielen und Ihrer Risikobereitschaft ab.

Langfristige Investitionen sind in der Regel für einen Zeitraum von mehreren Jahren gedacht. Diese Art von Investitionen ist oft weniger riskant, da der Markt genügend Zeit hat, sich von kurzfristigen Schwankungen zu erholen. Historisch gesehen haben langfristige Investitionen tendenziell höhere Renditen erzielt als kurzfristige Investitionen.
Kurzfristige Investitionen hingegen sind oft spekulativer und können riskanter sein. Sie könnten versuchen, von kurzfristigen Marktschwankungen zu profitieren, aber dies erfordert oft eine intensivere Überwachung und kann zu höheren Gebühren führen.

Es ist wichtig zu beachten, dass die Wahl zwischen langfristigen und kurzfristigen Investitionen von den individuellen Bedürfnissen und Zielen abhängt. Wenn Sie Ihr Geld für einen bestimmten Zweck benötigen oder kurzfristig auf etwas sparen möchten, sind kurzfristige Investitionen möglicherweise die bessere Wahl.

Wenn Sie jedoch langfristig planen und Ihr Geld für den Ruhestand oder andere langfristige Ziele sparen möchten, sollten Sie langfristige Investitionen in Betracht ziehen.

Sind wir ehrlich, so machen kurzfristige Investitionen am Anfang wenig Sinn, denn hier sollten Sie jeden Cent sparen den Sie können um eine ordentliche Basis aufzubauen. Ist die Grundlage erstmal geschaffen können Sie spekulativer werden und für höhere Gewinne höhere Risiken eingehen, denn dann schlägt es Sie nicht direkt zurück wenn Sie einen Fehler machen, insofern Sie natürlich auch bei kurzfristigen Geschäften, bewusst mit Ihrem Geld umgehen.

Kurzfristige Investitionen sind aber nicht generell schlecht weil sie mehr Risiko mit sich bringen, sie erfordern einfach eine tiefere Recherche und Ihr Standpunkt sollte soweit gefestigt sein, das Sie nicht darauf angewiesen sind das sich das Geld vermehrt. Je versierter wir mit dem Umgang von unserem Geld werden desto leichter fallen uns solche Investitionen, es ist wie mit allem im Leben eine Frage der Zeit und eine Frage der Lernbereitschaft wie weit Sie in dem Bereich der kurzfristigen Investitionen gehen wollen, denn hier ist jeder Handel mit beispielsweise Wertpapieren gemeint der von ein paar Stunden bis zu ein paar Tagen oder Wochen geht.

Kurze Spekulationen mögen verlockend sein, aber auch hier sind die Kosten die der Handel mit sich bringt meist noch prägnanter als bei langfristigen Investitionen.

Für mich sind kurzfristige Investitionen sehr gut zum lernen und um das große Portfolio weiter aufzubauen, so nutze ich kurzfristige Gewinne indem ich den Einsatz ab einem gewissen Gewinn heraushole und nur noch den Gewinn weiter arbeiten lasse.

selbst wenn es auf 0 geht, mein Einsatz habe ich ja zurückbekommen. Wenn das Investment immer weiter wächst schöpfe ich immer wieder einen Teil davon ab und je mehr ich abschöpfe desto größer wird mein sicherer Gewinn.

Das ist das genaue Gegenteil von dem was wir in dem Moment großer Kursgewinne spüren, denn wenn unser Investment sehr gut läuft führt es uns oft in Versuchung noch mehr Geld zu investieren, fällt es daraufhin wieder herab so verlieren wir nicht nur das neu investierte Geld sondern verspielen uns auch unseren schönen Gewinn.

Genau das habe ich 2020 durchgemacht, ein sauberes Investment ist immer weiter gewachsen und ich habe immer weiter gefüttert und den "Ballon" aufgeblasen, bis mir das gesamte Investment um die Ohren geflogen ist, so schnell können aus 5000€ Gewinn 20.000€ Verlust werden.

Je kürzer das Investment desto schneller wächst die Gier.

Sechster Geheimtipp:

Lernen Sie anhand von Spielgeld. Viele Direktbroker bieten eine Option an mit virtuellem, also nicht realem, Geld zu üben und sich ein Gefühl für den Handel zu machen. Natürlich ist es bitter wenn hier große Gewinne erzielt werden, die Sie nicht realisieren können, aber das gelernte dabei ist oft mehr Wert als der mögliche Gewinn.

Denken Sie daran, als Anfänger stochern Sie noch im dunkeln und sich ein Bild davon zu machen was funktioniert und was nicht kann Jahre dauern, gerade in dem Thema Geld kann ich nur immer wieder darauf hinweisen:

Es ist IHR! Geld das Sie einsetzen und wenn es weg ist kommt es auch nicht wieder, es muss neu verdient werden.

Gehen Sie kein unnötiges Risiko ein.

Fortgeschrittener Geheimtipp:

Nutzen Sie die Methode des Geldteilens, Investieren Sie einen Teil sicher und einen Teil unter höherem Risiko. Wenn das Risikogeschäft Verluste macht, fängt Sie das sichere Investment auf, wenn das Risikogeschäft Gewinne einbringt schöpfen Sie diese ab und führen Sie sie nach und nach dem sicheren Investment hinzu. (Psst! beschleunigt das exponentielle Wachstum, da wollen wir hin!)

Was habe ich gelernt?

Was habe ich gelernt?

Kapitel 7: Der Einfluss von Werbung auf unsere Kaufentscheidungen

Werbung ist überall - im Fernsehen, Radio, Internet und auf Plakatwänden. Diese ständige Präsenz kann unsere Wahrnehmung von Wert und Notwendigkeit beeinflussen. Werbetreibende verwenden psychologische Tricks und Techniken, um unsere Aufmerksamkeit zu erregen und uns zum Kauf zu überzeugen.

Es ist wichtig, sich der Taktiken bewusst zu sein, die Werbetreibende verwenden, und kritisch über die Botschaften nachzudenken, die sie senden. Nur weil ein Produkt stark beworben wird, bedeutet das nicht, dass es die beste Wahl für Sie ist.

Ein weiterer Faktor, der den Einfluss von Werbung auf unsere Kaufentscheidungen verstärkt, ist der soziale Druck. Wenn wir sehen, dass unsere Freunde oder Familienmitglieder ein bestimmtes Produkt verwenden oder besitzen, kann dies stark beeinflussen, ob wir es auch kaufen wollen. Wir möchten oft dazugehören und uns nicht ausgeschlossen fühlen, was uns dazu bringen kann, ein Produkt zu wählen, das wir eigentlich nicht wollen oder brauchen.

Daher ist es wichtig zu erkennen, dass unsere Kaufentscheidungen oft von vielen Faktoren beeinflusst werden und dass es wichtig ist, zu hinterfragen, warum wir ein bestimmtes Produkt wählen. Nur dann können wir sicherstellen, dass wir tatsächlich kaufen, was wir wirklich wollen und brauchen, und nicht nur das, was uns durch Werbung und sozialen Druck aufgezwungen wird.

Ein weiterer Punkt, den man berücksichtigen sollte, ist die Art der Werbung, die wir konsumieren. Viele Werbeanzeigen zielen auf unsere Unsicherheiten und Ängste ab, indem sie suggerieren, dass wir ohne das beworbene Produkt unvollständig oder unattraktiv sind. Es ist wichtig zu erkennen, dass diese Botschaften oft unrealistisch sind und dazu dienen, ein Bedürfnis zu schaffen, das möglicherweise nicht existiert.

Eine Möglichkeit, uns vor dem Einfluss von Werbung zu schützen, besteht darin, unabhängige Informationen über ein Produkt zu suchen. Kundenbewertungen und Expertenmeinungen können uns helfen, eine informierte Entscheidung zu treffen. Das Setzen von Prioritäten und das Überprüfen unserer eigenen Bedürfnisse und Wünsche können uns auch helfen, weniger von Werbung und sozialem Druck beeinflusst zu werden.

Es ist jedoch auch wichtig zu beachten, dass Werbung nicht immer schlecht ist. Sie kann uns auch helfen, neue Produkte und Dienstleistungen zu entdecken, die unser Leben erleichtern oder bereichern können. Oft lernt man durch zufällige Werbung etwas kennen, das einem unheimlich viel Zeit sparen kann oder man sogar nur durch die Werbung motiviert wird aktiv zu werden und ein eigenes Produkt zu kreieren.

Es liegt an uns, Werbung kritisch und reflektiert zu betrachten. Indem wir uns bewusst mit Werbung auseinandersetzen und unsere eigenen Werte und Prioritäten im Auge behalten, können wir uns vor den negativen Auswirkungen der Werbung schützen und ihre positiven Aspekte zu unserem Vorteil nutzen. Zum Beispiel können wir gezielt nach Werbung suchen, die uns bei Entscheidungen unterstützt oder uns über gesellschaftliche Themen informiert, die uns wichtig sind.

Insgesamt ist Werbung ein komplexes Thema mit sowohl positiven als auch negativen Aspekten. Es liegt an uns, uns bewusst mit diesem Thema auseinanderzusetzen und unsere Entscheidungen kritisch zu hinterfragen, um sicherzustellen, dass wir nicht durch Werbung und sozialen Druck manipuliert werden und Kaufentscheidungen treffen, die wirklich unseren Bedürfnissen und Wünschen entsprechen.

Es ist auch wichtig zu betonen, dass Werbung nicht immer die alleinige Ursache für unsere Kaufentscheidungen ist. Andere Faktoren wie unser persönlicher Geschmack, Budget oder Bedürfnisse können ebenfalls eine Rolle spielen. Es ist jedoch entscheidend, dass wir uns bewusst werden, wie Werbung uns beeinflussen kann, und dass wir uns davor schützen, von ihr manipuliert zu werden. Indem wir uns eine eigene Meinung bilden und uns nicht von externen Faktoren leiten lassen, können wir selbstbestimmte Kaufentscheidungen treffen und unsere Zufriedenheit mit unseren Käufen erhöhen.

Zusammenfassend ist es wichtig zu erkennen, dass Werbung einen erheblichen Einfluss auf unsere Kaufentscheidungen haben kann. Indem wir uns über die Taktiken der Werbetreibenden informieren, hinterfragen, warum wir ein bestimmtes Produkt wählen, und unabhängige Informationen suchen, können wir sicherstellen, dass wir nicht durch Werbung und sozialen Druck manipuliert werden.

Siebter Geheimtipp:

Wenn Sie den Fokus voll auf das Geld sparen legen wollen und sich sicher sind das Sie auf Spontane Ausgaben verzichten wollen, dann nutzen Sie den Werbung - Ende Effekt. In dem Moment in dem Sie Werbung erkennen schalten Sie bereits innerlich davon ab und distanzieren sich davon. Indem Sie diesen Schritt gehen verliert die Werbung ihre Magie und kann sich nicht vollständig entfalten. So entgehen Sie sehr schnell der Verlockung und das sogar ohne schlechte Gefühle, da die Werbung Sie nie richtig ergriffen hat.

Woran erkennen Sie nun Werbung so schnell? Ganz einfach - Übung - Beobachten Sie sich selbst wenn Sie beispielsweise Social Media nutzen, in dem Moment wo die Werbung Sie gepackt hat und Sie die Lust bekommen ein neues Produkt zu erwerben, merken Sie sich den Moment und speichern das Gefühl ab. Beim nächsten mal fällt es Ihnen leichter sich selbst zu erwischen und so können Sie auch früher stoppen, bis zu dem Punkt an dem Sie die Werbung bereits an vermeidlich kleinen Aspekten erkennen und ausblenden.

Fortgeschrittener Geheimtipp:

Spontankäufe zu umgehen und das Geld stattdessen an die Arbeit zu schicken kann Ihnen den Weg zum Reichtum nicht nur leichter machen, sondern Ihn sogar noch beschleunigen.
Nutzen Sie es als weitere Motivation!

Was habe ich gelernt?

Kapitel 8: Wie man kluge Kaufentscheidungen trifft: Ein Leitfaden für den bewussten Verbraucher

In einer Welt voller Optionen und Informationen kann es überwältigend sein, Kaufentscheidungen zu treffen. Hier sind einige Schritte, die Ihnen helfen können, kluge Entscheidungen zu treffen:

1. **Forschung:** Bevor Sie einen Kauf tätigen, nehmen Sie sich die Zeit, das Produkt oder die Dienstleistung zu recherchieren. Lesen Sie Bewertungen, vergleichen Sie Preise und suchen Sie nach vertrauenswürdigen Quellen.
2. **Budget:** Stellen Sie sicher, dass der Kauf in Ihr Budget passt. Wenn nicht, fragen Sie sich, ob es wirklich notwendig ist oder ob es eine günstigere Alternative gibt.
3. **Bedarf vs. Wunsch:** Unterscheiden Sie zwischen dem, was Sie brauchen und dem, was Sie wollen. Es ist in Ordnung, sich ab und zu etwas zu gönnen, aber es ist wichtig, Prioritäten zu setzen.
4. **Langfristiger Wert:** Überlegen Sie, wie lange das Produkt oder die Dienstleistung dauern wird und ob es im Laufe der Zeit an Wert gewinnt oder verliert.

Kaufentscheidungen können eine Herausforderung sein, besonders wenn es um große Investitionen geht. Es ist wichtig, sich Zeit zu nehmen und sorgfältig zu überlegen, welche Option am besten für Sie geeignet ist. Eine Möglichkeit, kluge Entscheidungen zu treffen, besteht darin, Ihre Bedürfnisse und Wünsche zu verstehen und Prioritäten zu setzen.

Wenn Sie Ihre Forschung durchführen, Ihr Budget im Auge behalten, den langfristigen Wert und die Nachhaltigkeit des Produkts berücksichtigen und sicherstellen, dass das Unternehmen ethisch und fair produziert, können Sie sicher sein, dass Sie eine kluge und nachhaltige Entscheidung treffen.

Denken Sie daran, dass es auch wichtig ist, den Kundenservice des Unternehmens zu berücksichtigen und sicherzustellen, dass Garantie- und Rückgabebedingungen angemessen sind. Mit diesen Schritten können Sie sicher sein, dass Sie eine bewusste und kluge Kaufentscheidung treffen, die Ihren Bedürfnissen entspricht und die Auswirkungen auf die Umwelt und die Gesellschaft berücksichtigt.

Die beste Entscheidung im Bezug auf Ihr Geld ist natürlich immer nur das absolut notwendigste zu kaufen, aber sich selbst künstlich zu verarmen macht auch keinen Sinn, so verliert man nur den Spaß am Geld.

Legen Sie den Fokus wirklich auf das was Sie brauchen und wo Ihre Ziele liegen, wenn Sie einen enormen Betrag in kurzer Zeit sparen wollen, müssen Sie vielleicht sämtliche Käufe die außerhalb des Notwendigen liegen eliminieren.

Möchten Sie nun aber nur einen festen Betrag monatlich anlegen und investieren, dann können Sie auch etwas Geld ausgeben, beachten Sie jedoch das jeder ausgegebene Cent nicht wiederkehrt und erst durch Ihre Zeit erneut erarbeitet werden muss.

Erweitern Sie Ihre Budgetaufstellung, fügen Sie jeden Einkauf und jede Ausgabe der Liste hinzu und Analysieren Sie bewusst kritisch Ihre Ausgaben. Sie werden schnell merken, gerade wenn Sie zuvor unbewusst mit Ihrem Geld umgegangen sind, wie viele Ausgaben in dem Kaufmoment zwar als unumgänglich erschienen sind, aber im Nachhinein doch eher Geldverschwendung waren.

Ich will Ihnen nicht den Spaß verderben oder Ihnen das Geld selbst schlecht reden, aber wenn man sich bewusst wird wie lange man für manche Gegenstände gearbeitet hat, vergeht einem oft das Lachen von ganz alleine.

Achter Geheimtipp:

Heimlich Mitlaufende Ausgaben mit einbeziehen. Wir haben uns inzwischen so daran gewöhnt Streaming Dienste in Anspruch zu nehmen oder gewisse Premium Abonnemente zu nutzen, so dass sich gerade diese als monatliche Fixkosten eingeschlichen haben.

Wenn Sie bereits ein Budget festgelegt haben, ist dort vielleicht ein solcher Premium Dienst mit einbezogen? Wenn ja überdenken Sie es schnell denn die Monatlichen Ausgaben sind auch Ihre Arbeitszeit die Sie erst wieder aufbringen müssen um diesen Dienst zu bezahlen.

Stellen Sie sich vor sie zahlen für 4 Premium Dienste und kommen insgesamt auf 60€ gesamtkosten - Fix - jeden Monat. Dann bedeutet das für Sie das sie 3 Stunden (um bei den 20€ stündlich zu bleiben) Arbeiten müssen um diese Dienste weiter zu nutzen, wenn Sie jetzt nicht einmal 3 Stunden damit Spaß haben ist es ein zusätzliches Minusgeschäft, das nur dazu dient anderen Menschen den Geldbeutel zu füttern.

Fortgeschrittener Geheimtipp:

Alle Ausgaben so weit wie möglich reduzieren und das gesparte Geld nutzen um ein Passives Einkommen durch zum Beispiel Dividendenaktien zu generieren. Erst wenn dieses Passive Einkommen größer ist als der Betrag den die Premium Dienste im Monat kosten erlauben Sie es sich diese Dienste wieder zu nutzen.

Was habe ich gelernt?

Was habe ich gelernt?

Kapitel 9: Die Rolle von Schulden in unserem Leben: Gute Schulden vs. schlechte Schulden

Schulden können ein nützliches Werkzeug sein, wenn sie richtig eingesetzt werden, aber sie können auch eine finanzielle Belastung sein, wenn sie nicht kontrolliert werden. Es ist wichtig, den Unterschied zwischen "guten" Schulden, die in Ihre finanzielle Zukunft investieren, und "schlechten" Schulden, die keinen langfristigen Wert bieten, zu verstehen.

Gute Schulden sind Investitionen, die dazu beitragen, Ihr Vermögen im Laufe der Zeit zu erhöhen. Ein Beispiel hierfür ist ein Studiendarlehen, das Ihnen eine höhere Bildung und potenziell ein höheres Einkommen ermöglicht. Ein weiteres Beispiel könnte ein Hypothekendarlehen sein, das Ihnen ermöglicht, ein Haus zu kaufen, das im Laufe der Zeit an Wert gewinnen kann.

Schlechte Schulden hingegen bieten keinen langfristigen Wert oder können sogar Ihren finanziellen Wert mindern. Kreditkartenschulden, insbesondere wenn sie für unnötige Einkäufe verwendet werden, sind ein gutes Beispiel für schlechte Schulden.

Es ist wichtig, dass Sie Ihre Schulden im Auge behalten und sicherstellen, dass Sie in der Lage sind, sie zu kontrollieren und zurückzuzahlen. Wenn Sie sich nicht sicher sind, ob eine bestimmte Art von Schulden gut oder schlecht ist, sollten Sie sorgfältig prüfen, welche Auswirkungen sie auf Ihre finanzielle Zukunft haben wird.

Eine Möglichkeit, dies zu tun, besteht darin, eine Liste Ihrer Schulden zu erstellen und sich zu fragen, ob sie langfristig Wert schaffen oder nicht. Wenn Sie feststellen, dass Sie zu viele schlechte Schulden haben, sollten Sie sich überlegen, wie Sie sie reduzieren oder eliminieren können, um Ihre finanzielle Gesundheit zu verbessern. Ein guter erster Schritt besteht darin, ein Budget zu erstellen und Ihre Ausgaben zu überwachen, um sicherzustellen, dass Sie keine unnötigen Schulden aufnehmen.

Ein weiterer wichtiger Aspekt bei der Verwaltung von Schulden ist es, sich über die verschiedenen Arten von Zinssätzen zu informieren. Zum Beispiel haben Kreditkarten oft sehr hohe Zinssätze, während Hypothekendarlehen oft niedrigere Zinssätze haben. Wenn Sie in der Lage sind, Schulden mit höheren Zinssätzen abzuzahlen, bevor Sie Schulden mit niedrigeren Zinssätzen abzahlen, können Sie im Laufe der Zeit Geld sparen.

Es ist auch ratsam, regelmäßig Ihre Kreditberichte zu überprüfen, um sicherzustellen, dass keine unerwarteten Schulden auftauchen. Wenn Sie feststellen, dass Sie Schwierigkeiten haben, Schulden zurückzuzahlen oder dass Sie mit unerwarteten Schulden konfrontiert sind, sollten Sie sich an einen Finanzberater wenden. Sie können Ihnen helfen, einen Plan zur Bewältigung Ihrer Schulden zu entwickeln und Ihre finanzielle Gesundheit wiederherzustellen.

Insgesamt ist es wichtig, verantwortungsbewusst mit Schulden umzugehen und sicherzustellen, dass sie zu Ihrem langfristigen finanziellen Erfolg beitragen.

Wenn Sie Ihre Schulden im Auge behalten, die verschiedenen Arten von Schulden verstehen und einen Plan haben, um sie zurückzuzahlen, können Sie Ihre finanzielle Gesundheit verbessern und Ihre Ziele schneller erreichen.

Generell sollte am Anfang der Fokus darauf liegen überhaupt keine Schulden aufzubauen, wenn Sie bereits Schulden haben ist das aber kein Problem, nur ein Hindernis auf dem Weg zur Finanziellen Freiheit.

Bereits bestehende Schulden müssen lediglich mit berechnet werden und Sie müssen Ihre monatlichen Ausgaben daran ausrichten, das heißt es sind nichts anderes als Fixkosten für Geld das Sie zu einem anderen Zeitpunkt "gekauft" haben und dieses Geld müssen Sie nun mit Zinsen zurückzahlen.

Eine einfache Möglichkeit ist es nun diese monatlichen Kosten in Relation zu möglichem "Gewinn" und zu bestehender Schuldlast zu setzen.
Das funktioniert leichter als es klingt:

Haben Sie einen Kredit der eine feste Zinsbindung hat und noch sagen wir 5 Jahre läuft und Sie auf das gekaufte Geld 3% Zinsen kostet lohnt es sich meist mehr, das Geld monatlich abzuzahlen und den Überhang den Sie im Monat haben anzulegen und dort eine Rendite von 7% anzupeilen.

Haben Sie nun einen Kredit mit beispielsweise 10% Zinsen sollten Sie diesen so schnell es geht abbezahlen und aus dem Weg räumen, solche "Brocken" können durch schwierige Situationen entstehen und müssen nun abgearbeitet werden.

Meine persönliche Meinung zu dem Thema bestehende Schulden:

Besteht kein Risiko den Schuldenballon weiter aufzublasen und schaden Ihnen die Schulden monatlich nicht, lassen Sie sie weiterlaufen und arbeiten Sie mit dem Überhang.

Besteht ein Risiko und mag es auch nur noch so klein sein, erledigen Sie es zuerst. Die Gefahr ist zu groß einen Rückschlag zu erleiden und noch mehr zu bezahlen als Sie es ohnehin schon tun müssen.

Meine persönliche Meinung zu "guten" Schulden, also Schulden die Ihnen Geld verdienen können (Immobilien; Arbeitsgeräte; usw.) dann alles nur solange Sie ein gutes Gefühl dabei haben UND! sich absolut sicher sind, das jedes Geschäft mit Schulden sich auch Negativ entwickeln kann. Seien Sie mit Kreditgeschäften IMMER! auf der Hut und nehmen Sie sich einen Experten zur Hilfe der Ihnen ehrlich und ordentlich Hilft.

Neunter Geheimtipp:

Mehrere Schulden zusammenfassen und die teuersten Zuerst abarbeiten. Oft ist es möglich seine Kredite teilweise auszusetzen oder die Monatliche Ratenzahlen zu reduzieren, das macht natürlich nur Sinn wenn Sie mit dem Geld an anderer Stelle besser wirtschaften. Persönlich würde ich allerdings mit dem zusätzlichen (an Schulden gespartem) Geld nur so agieren das ich es nutze um "teurere" Kredite zurückzuzahlen.

Bedeutet für uns, wenn wir 3 Kredite haben und diese alle eine feste Zinsbindungen haben.

Kredit 1 mit 3% Zinssatz,
Kredit 2 mit 5% Zinssatz und
Kredit 3 mit 8% Zinssatz, dann liegt Kredit 2 in der Mitte der beiden und Kredit 3 hat Kostentechnisch die höchste Gewichtung. Wenn nun die Möglichkeit besteht an Kredit 1 zu sparen, indem Sie beispielsweise ein paar Zahlungen aussetzen (offiziell mit dem Bank abgesprochen natürlich, nicht indem Sie einfach die Zahlung verweigern) und dieses Geld dann nutzen um Kredit 3 schneller abzuzahlen, dann besteht hier oft die Möglichkeit die Zinslast zu verringern. Das heißt nicht das der Kredit dann nur noch 7% Zinsen kostet, aber in vielen Fällen reduziert sich durch das zusätzlich zurückgezahlte Geld der Gesamtbetrag der fälligen Zinsen und so kann unterm Strich schneller das Gesamtvolumen zurückgezahlt werden, nur durch "einfaches" Umschulden.

Was habe ich gelernt?

Was habe ich gelernt?

Kapitel 10: Der Aufbau eines Notfallfonds: Warum es wichtig ist und wie man anfängt

Ein Notfallfonds ist ein Sparkonto, das dazu dient, unerwartete Ausgaben zu decken, wie z.B. den Verlust eines Arbeitsplatzes. Es gibt Ihnen finanzielle Sicherheit und die Gewissheit, dass Sie in der Lage sein werden, unerwartete finanzielle Rückschläge zu bewältigen.

Experten empfehlen, zwischen drei und sechs Monate Ihrer Ausgaben in einem Notfallfonds zu haben. Um einen Notfallfonds aufzubauen, beginnen Sie damit, einen festen Betrag aus ihrem monatlichen Einkommen heraus in ein separates Sparkonto zu überweisen. Auch wenn es nur ein kleiner Betrag ist, wird er sich im Laufe der Zeit summieren.

Es ist wichtig, dass Sie das Geld in Ihrem Notfallfonds nicht für Dinge ausgeben, die nicht unbedingt notwendig sind. Vermeiden Sie es, Geld aus Ihrem Notfallfonds zu entnehmen, es sei denn, es handelt sich um einen echten Notfall. Wenn Sie jedoch in eine Situation geraten, in der Sie auf das Geld aus Ihrem Notfallfonds angewiesen sind, sollten Sie sicherstellen, dass Sie es so schnell wie möglich wieder auffüllen. Es kann auch helfen, einen Plan zu haben, um Ihren Notfallfonds schneller aufzubauen, zum Beispiel indem Sie zusätzliche Einkommensquellen erschließen oder unnötige Ausgaben reduzieren. Ein Notfallfonds mag zwar auf den ersten Blick nicht besonders aufregend sein, aber er kann Ihnen langfristig Frieden und Sicherheit geben, wenn Sie ihn richtig nutzen.

Nun gehen wir davon aus das unser Notfallfond gut gefüllt ist und wir ihn nicht weiter besparen brauchen, was jetzt?

Jetzt nutzen wir den Vorteil daraus das wir bisher mit weniger Geld ausgekommen sind und schicken es mit dem Geld das wir sowieso investieren wollen an die Arbeit.

Das Geld aus dem Notfallfond gibt uns die Sicherheit jeden Monat einen Schritt weiter zu gehen und ohne Sorgen unser Geld anzulegen, wenn es für uns Arbeitet und sich vermehrt - sehr gut! Wenn es langfristig angelegt ist und mal einen kleinen Knicks nach unten macht, kann uns das (in dem Moment) egal sein, da wir ja die Langfristige Anlageoption gewählt haben und das exponentielle Wachstum in Gang zu bringen, nun da wir aber unseren Notfallfonds haben müssen wir nicht immer wieder aus unserem Depot heraus verkaufen um ungeplante Ausgaben zu decken.

Ich selbst habe am Anfang den Fehler gemacht und mein ETF-Depot aufgeblasen, sobald ich mir ein neues Auto kaufen musste, hatte ich keine andere Wahl als mein Depot anzugehen, leider habe ich dabei übersehen das ich nicht nur das exponentielle Wachstum verlangsamt habe, nein! Ich habe es sogar vollständig gestoppt. Zu diesem Zeitpunkt war ich leider noch unerfahren, deswegen möchte ich das Sie diese Fehler umgehen können, was jetzt natürlich als ein simpler Fehler erscheint, kann schneller passieren als einem Lieb ist.

Zehnter Geheimtipp:

Nutzen Sie den Notfallfonds als das was er ist, ein Notfallplan der nur dann zum Einsatz kommt wenn es wirklich nötig ist, Beispiel ein neues Auto muss her, da das alte ein wirtschaftlicher Totalschaden ist. Haben Sie nun in Ihrem Fond "nur" 10.000€ dann darf das neue Auto auch keine 40.000€ kosten! Der Notfallfond sollte nicht als Anzahlung für ein finanzielles Debakel dienen, er sollte als Sicherheitsnetz dienen das Sie im Notfall auffängt und Sie sich selbst binnen angemessener Zeit wieder erneut aufbauen können.

Planen Sie ein größeres, schnelleres oder einfach allgemein teureres Auto zuzulegen und trifft der Fall ein das Ihr altes Auto den Geist aufgegeben hat, dann planen Sie das neue Auto in Ihr Budget ein nutzen den Notfallfond zur Schadenbegrenzung und bauen diesen wieder auf, aber sehen Sie ihn niemals als Option teure Spontankäufe zu tätigen, die nichts anderes sind als getarnte schulden.

Begehen Sie nicht den gleichen Fehler wie ich.

Fortgeschrittener Geheimtipp:

In diesem Bereich distanziere ich mich davon, es gibt zwar Möglichkeiten mit dem Geld zu wirtschaften und es weiterhin sicher zu halten, aber ein Fehler damit bremst Sie viel Länger aus, als das was sie damit hätten verdienen können.

Sicherheit ist unbezahlbar.

Was habe ich gelernt?

Was habe ich gelernt?

Kapitel 11: Die Grundlagen der Investition in Immobilien

Immobilieninvestitionen sind seit Jahrzehnten ein beliebtes Mittel zur Vermögensbildung und bieten eine Vielzahl von Möglichkeiten, sowohl für den erfahrenen Investor als auch für den Anfänger. Doch wie bei jeder Investition ist es unerlässlich, sich mit den Grundlagen vertraut zu machen, bevor man den Sprung wagt.

Vorteile der Immobilieninvestition:

1. Potenzielle Mieteinnahmen: Eine der offensichtlichsten Einnahmequellen bei Immobilieninvestitionen sind die Mieteinnahmen. Ein gut gelegenes Objekt kann einen stetigen Strom von Einkommen generieren, der oft die Hypotheken- und anderen laufenden Kosten deckt.
2. Steuerliche Vorteile: Immobilieninvestoren können von verschiedenen steuerlichen Vorteilen profitieren. Dazu gehören Abschreibungen, Zinsabzüge und mögliche Steuervorteile beim Verkauf der Immobilie.
3. Wertsteigerung: Im Laufe der Zeit tendieren Immobilien dazu, an Wert zu gewinnen, insbesondere in wachsenden oder stabilen Märkten. Dieser Wertzuwachs kann zu erheblichen Kapitalgewinnen führen.

Risiken der Immobilieninvestition:

1. Verlust von Mieteinnahmen: Leerstand oder nicht zahlende Mieter können zu einem Verlust von Mieteinnahmen führen, was die Rentabilität der Investition beeinträchtigen kann.
2. Unerwartete Reparaturkosten: Immobilien erfordern Wartung und gelegentliche Reparaturen. Manchmal können unerwartete Probleme auftreten, die teure Reparaturen erfordern.
3. Marktfluktuationen: Wie jeder Markt können auch Immobilienmärkte volatil sein. Ein plötzlicher Abschwung im Markt kann den Wert einer Immobilie erheblich mindern.

Wichtige Schritte vor der Investition:

1. Lageprüfung: Die Lage ist oft der entscheidende Faktor für den Erfolg einer Immobilieninvestition. Ein Objekt in einer begehrten Gegend oder in der Nähe von Annehmlichkeiten kann einen höheren Mietwert und eine höhere Nachfrage haben.
2. Marktwertanalyse: Es ist wichtig, den aktuellen Marktwert der Immobilie zu kennen und zu verstehen, wie er sich in der Zukunft entwickeln könnte.
3. Verständnis der laufenden Kosten: Neben der Hypothek müssen Investoren auch andere laufende Kosten wie Grundsteuern, Versicherungen und Wartungskosten berücksichtigen.

Schauen wir es uns mal an einem fiktiven Beispiel an:

Nehmen wir an, Lisa Müller, eine junge Unternehmerin, überlegt, in eine Immobilie in Berlin zu investieren. Sie findet ein Mehrfamilienhaus in einem aufstrebenden Viertel, das derzeit unter Marktwert angeboten wird. Nach gründlicher Recherche stellt sie fest, dass in der Nähe eine neue U-Bahn-Station geplant ist, was den Wert der Immobilie in den nächsten Jahren erheblich steigern könnte. Lisa entscheidet sich, den Sprung zu wagen und das Gebäude zu kaufen. In den ersten Monaten hat sie mit einigen unerwarteten Reparaturkosten zu kämpfen, aber dank der steigenden Nachfrage in der Gegend kann sie die Mieteinnahmen erhöhen und die Kosten decken. Nach fünf Jahren, mit der Eröffnung der U-Bahn-Station, hat sich der Wert ihrer Immobilie fast verdoppelt.

Dieses Beispiel zeigt, dass, obwohl es Risiken gibt, eine gut durchdachte und recherchierte Immobilieninvestition erhebliche Renditen bringen kann. Es unterstreicht auch die Bedeutung der Vorbereitung und des Verständnisses des Marktes, bevor man sich in die Welt der Immobilieninvestitionen stürzt.

Da Immobilieninvestments ein ganz eigenes Investitionsfeld sind, gehen wir hier noch einmal auf die unterschiedlichen Aspekte ein die unbedingt berücksichtigt werden müssen.

1. **Art der Immobilie:** Es gibt verschiedene Arten von Immobilien, in die man investieren kann, darunter Wohnimmobilien, Gewerbeimmobilien, Industrieimmobilien und Landwirtschaftsflächen. Jede Art hat ihre eigenen Vor- und Nachteile sowie spezifische Marktbedingungen. (Genauere Erklärung der Vor- und Nachteile folgt)
2. **Finanzierung:** Die Art und Weise, wie eine Immobilie finanziert wird, kann erhebliche Auswirkungen auf die Rentabilität der Investition haben. Es gibt verschiedene Finanzierungsmöglichkeiten, von Hypotheken über private Darlehen bis hin zu Immobilien-Crowdfunding.
3. **Immobilienverwaltung:** Einige Investoren entscheiden sich dafür, ihre Immobilien selbst zu verwalten, während andere die Dienste eines Immobilienverwalters in Anspruch nehmen. Die Verwaltung kann sich auf alles von der Mietersuche über die Instandhaltung bis hin zur Buchhaltung erstrecken.
4. **Markttrends:** Es ist wichtig, die aktuellen und zukünftigen Markttrends zu verstehen. Dies kann beinhalten, welche Gegenden im Kommen sind, welche Arten von Immobilien besonders gefragt sind und wie sich wirtschaftliche Faktoren auf den Markt auswirken könnten.

5.   **Rechtliche Aspekte:** Immobilieninvestitionen sind oft mit einer Vielzahl von rechtlichen Fragen verbunden, von Mietverträgen über Bauvorschriften bis hin zu Steuergesetzen.

6. **Diversifikation:** Wie bei jeder Investition kann es sinnvoll sein, in verschiedene Arten von Immobilien oder in Immobilien in verschiedenen geografischen Gebieten zu investieren, um das Risiko zu streuen.

7. **Nachhaltigkeit und Umweltauswirkungen:** Immer mehr Investoren berücksichtigen die Umweltauswirkungen ihrer Immobilieninvestitionen, sei es durch Investitionen in energieeffiziente Gebäude oder durch die Berücksichtigung von Umweltauswirkungen bei der Standortwahl.

8. **Exit-Strategie:** Es ist wichtig, eine Strategie für den Verkauf der Immobilie oder den Ausstieg aus der Investition zu haben. Dies kann den Verkauf der Immobilie, das Refinanzieren oder das Halten und Vermieten der Immobilie beinhalten.

9. **Netzwerken:** Der Aufbau eines Netzwerks von Maklern, Bauunternehmern, anderen Investoren und Fachleuten kann wertvolle Einblicke und Möglichkeiten bieten.

10. **Bildung:** Der Immobilienmarkt ist komplex und ständig im Wandel. Es ist wichtig, sich ständig weiterzubilden, sei es durch Kurse, Seminare oder das Lesen von Branchennachrichten.

Diese Aspekte unterstreichen die Komplexität der Immobilieninvestition und die Notwendigkeit, gut informiert und vorbereitet zu sein, bevor man in diesen Markt eintritt.

Vor- und Nachteile der unterschiedlichen Investitionsmöglichkeiten

Wohnimmobilie:

Vorteile:

- Stetige Mieteinnahmen: Wohnraum wird immer benötigt, was zu regelmäßigen Mieteinnahmen führen kann.
- Wertsteigerungspotenzial: In wachsenden oder stabilen Märkten können Wohnimmobilien im Laufe der Zeit an Wert gewinnen.
- Hohe Liquidität: Wohnimmobilien sind in der Regel leichter zu verkaufen als andere Immobilienarten.

Nachteile:

- Verwaltungsaufwand: Mieterprobleme, Instandhaltung und Reparaturen können zeitaufwändig sein.
- Marktschwankungen: Der Wert von Wohnimmobilien kann durch wirtschaftliche Abschwünge beeinflusst werden.
- Hohe Anfangsinvestition: Der Kauf von Wohnimmobilien kann teuer sein, insbesondere in begehrten Lagen.

Gewerbeimmobilie:

Vorteile:

- Längere Mietverträge: Gewerbliche Mietverträge sind oft längerfristig als Wohnmietverträge.
- Potenziell höhere Rendite: Gewerbeimmobilien können höhere Mieteinnahmen generieren als Wohnimmobilien.

- Weniger emotionale Entscheidungen: Gewerbliche Mieter treffen Entscheidungen oft basierend auf Geschäftsbedürfnissen und nicht auf emotionalen Faktoren.

Nachteile:
- Höheres Risiko: Ein Ausfall eines gewerblichen Mieters kann erhebliche Einkommensverluste bedeuten.
- Komplexere Verwaltung: Gewerbliche Mietverträge und Regelungen können komplizierter sein.
- Größere Anfangsinvestition: Gewerbeimmobilien sind oft teurer als Wohnimmobilien.

Industrieimmobilie:

Vorteile:
- Stabile Mieteinnahmen: Industrielle Mieter neigen dazu, langfristige Verträge abzuschließen.
- Geringerer Verwaltungsaufwand: Industrieimmobilien erfordern oft weniger Instandhaltung als andere Immobilienarten.
- Großes Wertsteigerungspotenzial: Bei richtiger Lage und Nutzung kann die Wertsteigerung erheblich sein.

Nachteile:
- Standortabhängigkeit: Der Wert und die Nachfrage können stark vom Standort und der wirtschaftlichen Entwicklung der Region abhängen.
- Umweltauflagen: Industrieimmobilien können strengen Umweltauflagen unterliegen.

- Hohe Anfangsinvestition: Der Kauf von Industrieimmobilien kann hohe Anfangsinvestitionen erfordern.

Landwirtschaftliche Immobilie:

Vorteile:
- Diversifikation: Landwirtschaftliche Immobilien bieten eine gute Möglichkeit zur Diversifikation des Portfolios.
- Erneuerbare Ressource: Land kann nicht "verbraucht" werden und behält oft seinen Wert.
- Zusätzliche Einkommensquellen: Abhängig von der Art der Landwirtschaft können verschiedene Einkommensströme generiert werden (z.B. Pacht, Ernte, Tierhaltung).

Nachteile:
- Wetterabhängigkeit: Die Landwirtschaft ist stark vom Wetter abhängig, was zu Einkommensschwankungen führen kann.
- Hoher Arbeitsaufwand: Landwirtschaftliche Immobilien können arbeitsintensiv sein.
- Marktschwankungen: Die Preise für landwirtschaftliche Produkte können stark schwanken.

Jede dieser Investitionsmöglichkeiten hat ihre eigenen Vor- und Nachteile, und es ist wichtig, diese sorgfältig zu prüfen und zu bewerten, bevor man eine Entscheidung trifft. Es ist auch ratsam, Expertenrat einzuholen, insbesondere wenn man neu in der Immobilieninvestition ist.

Persönliche Einschätzung:

Immobilien sind nichts für jeden. Jedes Immobilieninvestment geht mit einer Emotionalen Verbindung einher, es ist fast unmöglich gerade wenn es das erste Objekt, Grundstück oder die erste Wohnung ist eine emotionslose Entscheidung zu treffen. Leider kommt es bei Immobilien noch mehr darauf an rationale Entscheidungen zu treffen als bei anderen Investmentoptionen.

Zudem ist es (gerade für Anfänger) eine zusätzliche Belastung mit "guten" Schulden zu handeln und auf Mieteinnahmen angewiesen zu sein. Wenn Sie bereits etwas fortgeschrittener sind und auch ein paar Mietausfälle verschmerzen können, dann ist es wahrscheinlich eine gute Idee sich mal ein paar Objekte anzuschauen, vielleicht stolpern Sie dabei über ein, für Sie, perfektes Investment. Wenn Sie aber noch am Anfang stehen und jedes Investment zählt, dann beachten Sie folgende punkte vor jeder finanziellen Entscheidung:

1. Bin ich emotional?
2. Habe ich eine Wunschvorstellung oder ist es hieb und stichfest?
3. Was sind meine Optionen wenn etwas schief läuft?
4. Wieviel Ausfall ist über die Jahre wahrscheinlich und wie viele Ausfälle kann ich verkraften?
5. Ist das Objekt auch langfristig für mich zu halten oder ist es eher spekulativ?

Elfter Geheimtipp:

Legen wir mal den Fokus auf Wohnimmobilien, da hier die breite Masse am besten vertreten ist. Suchen Sie nicht nach dem perfekten Objekt das auf den ersten Blick super rentabel ist. Machen Sie sich vorab klar das es kein perfektes Objekt auf dem offenen Markt gibt, solche Objekte werden direkt unter der Hand weiterverkauft oder bleiben im kleinen Kreis. Wenn doch mal ein solches Objekt auf den Markt kommt ist schnell ein Investor gefunden der es auch direkt kauft, gerade das musste ich selbst lange lernen, da mir viele gute Objekte vor der Nase weggeschnappt wurden.
Suchen Sie nach Immobilien die Ihren Kriterien entsprechen, fragen Sie weitere Informationen an und besichtigen Sie Objekte. Auch wenn Sie nicht direkt etwas kaufen können Sie so erste Erfahrungen sammeln und sich ein Bild von dem Immobiliengeschäft machen. Übung macht ja bekanntlich den Meister.

Fortgeschrittener Geheimtipp:

Im Immobiliengeschäft ist Geld nur eine Zahl, es kommt nicht direkt darauf an was das Objekt kostet, da Sie es sehr wahrscheinlich sowieso Finanzieren, es kommt viel mehr darauf an:

Wieviel Einnahmen muss ich monatlich generieren um mir X-Betrag leisten zu können.

Mein Allererstes Mietobjekt war direkt ein Mehrfamilienhaus für über eine halbe Millionen Euro, die Einnahmen diktieren die Musik nicht der Preis.

Was habe ich gelernt?

Was habe ich gelernt?

Kapitel 12: Der Einfluss von Technologie auf unsere Finanzen

In der heutigen Zeit hat die Technologie fast jeden Aspekt unseres Lebens durchdrungen, und der Finanzsektor bildet da keine Ausnahme. Die Art und Weise, wie wir über Geld denken, wie wir es sparen, investieren und ausgeben, hat sich in den letzten Jahrzehnten drastisch verändert. Dieses Kapitel beleuchtet, wie die Technologie unsere Finanzen beeinflusst und welche Chancen und Herausforderungen sich daraus ergeben.

1. Digitalisierung des Bankwesens:
Die Tage, an denen man zur Bank gehen musste, um eine Überweisung zu tätigen oder den Kontostand zu überprüfen, sind vorbei. Dank Online-Banking können wir jetzt von überall aus auf unsere Konten zugreifen, Überweisungen tätigen, Rechnungen bezahlen und vieles mehr. Dies hat nicht nur den Komfort erhöht, sondern auch die Effizienz gesteigert und Kosten gesenkt.

2. Mobiles Bezahlen:
Mit Technologien wie NFC (Near Field Communication) und mobilen Wallets wie Apple Pay oder Google Wallet ist das Bezahlen einfacher und schneller geworden. Anstatt Bargeld oder Karten mitzuführen, können Benutzer jetzt einfach ihr Smartphone an ein Zahlungsterminal halten, um eine Transaktion abzuschließen.

3. FinTech-Revolution:
FinTech-Unternehmen nutzen Technologie, um traditionelle Finanzdienstleistungen zu verbessern oder zu ersetzen. Plattformen wie Robinhood haben den Aktienhandel demokratisiert, während Unternehmen wie TransferWise internationale Überweisungen günstiger und transparenter gemacht haben.

4. Kryptowährungen und Blockchain:
Bitcoin, Ethereum und andere Kryptowährungen haben die Art und Weise, wie wir über Geld und Transaktionen denken, revolutioniert. Während sie noch in den Kinderschuhen stecken, bieten sie das Potenzial für dezentrale, transparente und sichere Finanztransaktionen.

5. Automatisierte Finanzberatung:
Robo-Berater nutzen Algorithmen, um Anlageempfehlungen zu geben und Portfolios zu verwalten. Sie bieten oft niedrigere Gebühren als traditionelle Finanzberater und ermöglichen es auch Menschen mit geringerem Vermögen, Investitionsberatung in Anspruch zu nehmen.

6. Budgetierung und Finanz-Apps:
Apps wie Mint oder YNAB helfen den Benutzern, ihre Finanzen zu verfolgen, Budgets zu erstellen und ihre Ausgaben zu überwachen. Sie bieten auch personalisierte Einblicke und Empfehlungen, um Benutzern zu helfen, ihre finanziellen Ziele zu erreichen.

7. Künstliche Intelligenz und Big Data:
Finanzinstitute nutzen KI und Big Data, um riesige Mengen an Daten zu analysieren und daraus Einblicke zu gewinnen. Dies kann von der Vorhersage von Aktienmarkttrends bis zur Erkennung von betrügerischen Transaktionen reichen.

8. Peer-to-Peer-Kredite:
Plattformen wie LendingClub oder Prosper ermöglichen es Einzelpersonen, direkt an andere Personen zu verleihen, oft zu besseren Konditionen als traditionelle Banken.

9. Cybersecurity:
Mit der Zunahme digitaler Finanztransaktionen steigt auch das Risiko von Cyberangriffen. Finanzinstitute investieren daher massiv in Technologien und Protokolle, um die Daten und das Geld ihrer Kunden zu schützen.

10. Finanzielle Bildung:
Das Internet hat den Zugang zu finanzieller Bildung demokratisiert. Es gibt jetzt unzählige Blogs, Kurse und Ressourcen, die Menschen helfen, mehr über Finanzen zu lernen und informierte Entscheidungen zu treffen.

Ein fiktives Beispiel:
Nehmen wir an, Max ist ein junger Berufstätiger, der gerade angefangen hat, Geld zu verdienen. Früher hätte er vielleicht ein Sparbuch bei seiner lokalen Bank eröffnet und dort regelmäßig Geld eingezahlt. Heute jedoch nutzt Max eine Finanz-App, um seine Einnahmen und Ausgaben zu verfolgen. Er investiert in Aktien über eine Online-Plattform, die ihm niedrige Gebühren und Echtzeit-Daten bietet. Er hat auch in einige Kryptowährungen investiert und nutzt Peer-to-Peer-Kreditplattformen, um zusätzliche Renditen zu erzielen. Wenn er eine Frage zu Finanzen hat, sucht er online nach Antworten oder besucht einen Finanzblog. Und all dies macht er von seinem Smartphone aus, ohne jemals eine Bankfiliale betreten zu müssen.

Fazit:
Die Technologie hat zweifellos einen tiefgreifenden Einfluss auf unsere Finanzen. Sie bietet uns mehr Möglichkeiten, mehr Kontrolle und oft auch bessere Renditen. Gleichzeitig bringt sie jedoch auch neue Risiken und Herausforderungen mit sich. Es ist daher wichtiger denn je, informiert zu bleiben, die neuesten Entwicklungen zu verfolgen und stets vorsichtig zu sein. Es liegt an uns, die Vorteile der Technologie zu nutzen und gleichzeitig wachsam zu bleiben, um potenzielle Fallstricke zu vermeiden.

Wo liegen nun für uns die Möglichkeiten Geld zu sparen oder zu verdienen?

Erstens gilt es für jeden zu verstehen:

Gezahltes Geld ist weg, egal ob digital per Knopfdruck oder via Bargeld auf dem Wochenmarkt.

Geschwindigkeit und unüberlegte Handlungen von uns als Konsumenten, werden oft von Onlinediensten ausgenutzt, um uns schnell einen Jahresvertrag aufzubinden und um sich so unser hart verdientes Geld zu eigen machen zu können.

Geld ist Geld egal ob Digital oder Bar

Zweitens gilt es, nicht nur die negativen Seiten zu kennen, sondern auch die positiven Aspekte und auch die damit einher gehenden Möglichkeiten

Durch die Flexibilität des Onlinebankings können wir zu jeder Zeit unser Geld investieren oder auszahlen (von digital zu digital) lassen. Das ermöglicht es uns im Ernstfall an unser investiertes Geld zu gelangen oder wenn wir es anlegen wollen flexibel zu sein und bequem von Zuhause unsere Recherche zu betreiben.

Zwölfter Geheimtipp:

Nachdem Sie ordentliche Budgetierung betrieben haben und nun genau wissen wieviel Geld Ihnen jeden Monat übrig bleibt, legen Sie einen Sparauftrag an (beispielsweise für ein kostengünstiges ETF). Dieser Sparauftrag dient dazu Ihnen jeden Monat einen Teil Ihres Geldes zu investieren und dieser Teil verschwindet direkt aus Ihrem Blickfeld. Das erleichtert Ihnen den Prozess des exponentiellen Wachstums in Gang zu bringen und ermöglicht Ihnen jeden Monat einen festen Betrag Ihrem Portfolio hinzuzufügen.

Ein bekannter Spruch geht wie folgt:

Normale Menschen Geben Ihr Geld aus und Sparen was am Ende vom Monat übrig ist, reiche Menschen hingegen investieren ihr Geld und leben von dem was übrig ist.

Das dient natürlich nur zur Verdeutlichung wie wichtig es ist konsequent zu bleiben und konstant einen kleinen Teil anzulegen.

Fortgeschrittener Geheimtipp:

Erhöhen Sie den Betrag immer weiter bis zu dem Punkt an dem es nicht mehr weiter gehen kann, da Sie sonst an Ihr bereits gespartes oder Ihren Notfallfond zugreifen müssen. Verdienen Sie nun im Laufe der Zeit etwas mehr Geld erhöhen Sie den Betrag weiter und weiter und sehen Sie zu wie das exponentielle Wachstum in Fahrt kommt.

Was habe ich gelernt?

Was habe ich gelernt?

Kapitel 13: Die Bedeutung von Finanzbildung in unserem Leben

Finanzbildung ist der Schlüssel zu finanzieller Freiheit und Wohlstand. Je mehr Sie über Geld, Investieren und Finanzplanung wissen, desto besser können Sie Entscheidungen treffen, die Ihre finanzielle Zukunft sichern.

Leider wird Finanzbildung oft in Schulen und Universitäten vernachlässigt. Dies führt dazu, dass viele Menschen unvorbereitet in die Welt der Finanzen eintreten und Fehler machen, die sie teuer zu stehen kommen können.

Es ist nie zu spät, sich finanziell weiterzubilden. Es gibt viele Ressourcen online, in Büchern und in Kursen, die Ihnen helfen können, die Grundlagen der Finanzen zu verstehen und kluge finanzielle Entscheidungen zu treffen.

Finanzbildung ist nicht nur wichtig für Menschen, die in der Finanzbranche arbeiten oder selbstständig sind. Jeder, der ein Einkommen hat und seine Finanzen verwalten muss, profitiert von einer guten Finanzbildung. Mit dem Wissen über Budgetierung, Investitionen und Schuldenmanagement können Sie Ihre finanziellen Ziele erreichen und Ihre Zukunft sichern. Finanzielle Bildung hilft Ihnen auch, sich vor Betrug und Finanzfallen zu schützen und Ihre persönlichen Finanzen besser zu managen. Investieren Sie in Ihre finanzielle Bildung und Sie werden es nicht bereuen.

Nun, aber was ist Finanzielle Bildung überhaupt? Jeder spricht davon, aber keiner kann es ordentlich erklären. Finanzielle Bildung bedeutet nichts anderes als zu verstehen und zu wissen was Geld eigentlich ist und wie es sich in welcher Situation verhält.

Geld wird oft als Zahlungsmittel mit einem festen Wert gesehen, doch alleine die Inflation beweist das es nicht so ist und das Geld sich selbst entwerten kann. Wie soll sich das Geld selbst entwerten? 1 Euro bleibt 1 Euro egal ob das Brot teurer geworden ist oder nicht.

Falsch! Das Brot ist ein Brot geblieben und bleibt auch weiterhin ein Brot, das Eurostück ist auch weiterhin einen Euro wert, aber der Euro selbst hat an seinem Wert verloren und damit den Brotpreis erhöht.

Natürlich ist das ein sehr simples Beispiel, aber es dient uns dazu den nächsten Punkt etwas anschaulicher zu machen:

Sehen Sie Geld als etwas wie ein Wertpapier an, es kann, wenn auch sehr unwahrscheinlich, seinen Wert steigern (Deflation) und seinen Wert verlieren (Inflation). Daran können wir nichts ändern, aber wir können verändern wie wir damit umgehen. Es ist ganz simpel, wenn das Geld über die Jahre hinweg seinen Wert reduziert, dann müssen wir Mittel und Wege finden unser Geld so zu nutzen das es an Wert gewinnt! Und das bestenfalls noch über der Durchschnittlichen Inflation (Liegt die Inflation bei 5% und wir haben mit unserem Geld eine Rendite von 5% erwirtschaftet so kommen wir theoretisch bei 0 raus).

Was sind unsere Möglichkeiten? Da müssen Sie nochmal zurückblättern und den Abschnitt mit Anlagemöglichkeiten nachlesen, denn ohne Risiko einzugehen wird es fast unmöglich sein, einen Weg zu finden auf dem sich das Geld selbst an die Arbeit macht.

Ein schöner Spruch der hier passt ist folgender: Das höchste Risiko das man eingehen kann ist sein Geld nicht anzulegen.

Es ist wichtig das jeder für sich die richtige Anlagestrategie entwickelt und mit sich selbst im reinen ist, es hat keinen Sinn wenn Sie übermäßiges Risiko für mögliche Gewinne fahren, aber dadurch auch an Lebensqualität verlieren weil Sie täglich um Ihr Geld bangen müssen.

Finanzielle Bildung aufzubauen ist ein lebender Prozess, er ist äußerst Facettenreich und es gibt unglaublich viele Details in die man sich verlieben (oder die man auch verachten) kann. Wichtig ist es nur das Sie die richtigen Schritte gehen, dieses Buch dient Ihnen als Startschuss und als Grundlage für Ihre Finanzielle Bildung, ich selbst habe inzwischen mindestens 50 Bücher über Finanzen gelesen und es gibt noch mehr als genug auf meiner Liste. Damit will ich nur sagen, Finanzielle Bildung ist zuerst anstrengend und wird nach und nach einfacher, sobald Sie den Dreh raus haben macht es den meisten sogar spaß!

Dreizehnter Geheimtipp:

Bauen Sie Ihre Finanzielle Bildung weiter aus, da ich in diesem Buch nur kurz das Thema angeschnitten habe um Ihnen die Perspektive aufzuzeigen, reicht das nicht aus.

Finden Sie Ihren eigenen Weg zur Finanziellen Bildung, ich selbst bin ein Bücherwurm und lese gerne, aber für Sie sind vielleicht Onlinekurse oder eine simple Onlinelektüre das richtige.

Egal welches Medium Sie wählen wichtig ist nur das Sie darauf achten sich nichts falsches erzählen zu lassen, prüfen Sie kritisch ob der von Ihnen gewählte Lehrmeister (Egal ob Kurs oder Buch) der richtige ist und welche Grundlagen er Ihnen vermitteln möchte. Probieren Sie sich aus und testen auch mal ein anderes Medium, ich selbst kann nichts mit Onlinekursen anfangen habe doch selbst welche mit großer mühe erstellt, da es mir spaß gemacht hat mich in ein Thema einzuarbeiten, dieses dann anzuwenden (ich würde nichts verkaufen das ich nicht selbst Kugelsicher geprüft habe) und das Ergebnis jemandem Beizubringen. Dieser Prozess ist für mich das höchste Level der Finanziellen Bildung, wenn man es geschafft hat das gelernte selbstsicher wiederzugeben und anderen Menschen auf Ihrem Weg zu unterstützen.

Sollten Sie Interesse an meinen Kursen haben:

https://www.udemy.com/user/michael-aull/

Fortgeschrittener Geheimtipp:

Keine Angst, Sie müssen nicht selbst vor die Kamera treten wenn Sie es nicht wollen, aber versuchen Sie sich selbst manche Themen beizubringen und sich selbst zu erklären.

Die Lernmethode beruht darauf wenn ich es mir selbst erklären kann, dann habe ich es auch verstanden. Wichtig ist es natürlich am Anfang das wiedergegebene zu überprüfen um nicht in die falsche Richtung zu lernen.

Lesen Sie beispielsweise ein Buch, dann nutzen Sie den Priming Effekt und legen sich vorab zurecht was Sie aus dem Buch lernen wollen, lesen dann das Buch und schreiben sich selbst eine kleine Zusammenfassung, haben Sie schon den Grundstein für Ihre Private Learning-Session mit sich selbst gelegt.

Hier empfehle ich eine Vorlage zu verwenden die ich selbst noch heute nutze, aber ein Stück Papier und ein Bleistift erledigen den Job auch.

https://www.amazon.de/Das-Priming-Journal-Selbstverbesserung-nachhaltigen/dp/B0CJ45MYF6/ref=tmm_pap_swatch_0?_encoding=UTF8&qid=1697023625&sr=8-1

Sollte der Link nicht funktionieren, suchen Sie einfach nach meinem Namen

Was habe ich gelernt?

Was habe ich gelernt?

Kapitel 14: Die Psychologie des Sparens und Ausgebens

Die Art und Weise, wie wir Geld sparen und ausgeben, wird nicht nur von unseren finanziellen Zielen und Bedürfnissen beeinflusst, sondern auch von unserer Psychologie und unseren Emotionen. Dieses Kapitel untersucht, wie unsere Denkweise und unsere Gefühle unsere finanziellen Entscheidungen beeinflussen können.

1. Emotionale Ausgaben: Viele Menschen neigen dazu, Geld auszugeben, wenn sie sich niedergeschlagen oder gestresst fühlen, als eine Art von emotionalem Trost. Dies kann jedoch zu unnötigen Ausgaben und späteren Reuegefühlen führen.

2. Die Angst vor dem Verpassen (FOMO): In unserer sozial vernetzten Welt kann der ständige Vergleich mit anderen dazu führen, dass wir mehr ausgeben, als wir sollten, nur um mithalten zu können.

3. Überzeugungen über Geld: Unsere Kindheit und Erziehung können tief verwurzelte Überzeugungen über Geld formen, sei es, dass "Geld die Wurzel allen Übels ist" oder dass "man hart arbeiten muss, um Geld zu verdienen". Diese Überzeugungen können unsere Fähigkeit beeinflussen, Geld zu sparen und zu investieren.

4. Die Bedeutung von Selbstkontrolle: Das Verständnis, dass kurzfristige Opfer langfristige Gewinne bringen können, ist entscheidend für den finanziellen Erfolg. Das Erlernen von Selbstkontrolle und das Widerstehen von Impulsausgaben können einen großen Unterschied in Ihrer finanziellen Gesundheit machen.

5. Bildung und Bewusstsein: Je mehr wir über Geld und Finanzen wissen, desto besser können wir unsere Emotionen und Impulse steuern, wenn es um finanzielle Entscheidungen geht.
Das Verständnis der psychologischen Faktoren, die unsere finanziellen Entscheidungen beeinflussen, kann uns helfen, bessere und informiertere Entscheidungen zu treffen, die zu langfristigem finanziellen Wohlstand führen.

Es ist wichtig zu verstehen, dass unsere finanziellen Entscheidungen nicht immer auf rationale Weise getroffen werden. Unsere Emotionen, Überzeugungen und Erfahrungen können tief verwurzelte Auswirkungen auf unser Verhalten haben. Wenn wir uns jedoch bewusst machen, wie diese Faktoren unser Verhalten beeinflussen können, können wir bessere Entscheidungen treffen, die zu langfristigem finanziellen Erfolg führen. Indem wir unsere Emotionen und Impulse kontrollieren, und uns weiterbilden, können wir lernen, unsere Finanzen besser zu verwalten und langfristig stabiler zu werden.

Es ist wichtig, sich Zeit zu nehmen, um über unsere finanziellen Ziele zu reflektieren und zu verstehen, wie unsere psychologischen Faktoren uns dabei beeinflussen, Geld zu sparen und auszugeben. Mit diesem Wissen können wir lernen, unsere Entscheidungen bewusster zu treffen und ein finanziell gesundes Leben aufzubauen.

Es ist auch wichtig, sich bewusst zu sein, dass unsere finanziellen Entscheidungen nicht immer nur uns selbst betreffen. Wenn wir in einer Beziehung oder Familie leben, können unsere Entscheidungen Auswirkungen auf andere haben. Deshalb ist es wichtig, offen und ehrlich mit unseren Lieben über unsere finanziellen Ziele und Entscheidungen zu sprechen. Wenn wir gemeinsam an einem Strang ziehen, können wir unsere Ziele schneller erreichen und uns gegenseitig unterstützen. Zudem kann es hilfreich sein, ein Budget zu erstellen und Ausgaben zu verfolgen, um ein besseres Verständnis für unsere finanzielle Situation zu erlangen. Zusammenfassend kann ein Verständnis der Psychologie des Sparens und Ausgebens uns helfen, bessere finanzielle Entscheidungen zu treffen und ein stabileres Leben aufzubauen, sowohl für uns selbst als auch für unsere Lieben.

Es ist wichtig zu betonen, dass es keine "richtige" oder "falsche" Art gibt, Geld zu sparen oder auszugeben. Jeder hat unterschiedliche finanzielle Ziele und Bedürfnisse, und es ist wichtig, dass wir uns auf unseren eigenen Weg konzentrieren und uns nicht von anderen beeinflussen lassen.

Wenn wir uns jedoch bewusst sind, wie unsere Psychologie und unsere Emotionen unsere finanziellen Entscheidungen beeinflussen können, können wir besser entscheiden, was für uns am besten ist. Wir können lernen, unsere Emotionen und Impulse zu kontrollieren, um unangemessene Ausgaben zu reduzieren und langfristige finanzielle Ziele zu erreichen. Zusammen mit Bildung und Bewusstsein können wir unsere finanzielle Gesundheit verbessern und ein stabileres Leben aufbauen.

Es ist wichtig, sich Zeit zu nehmen, um ein Budget zu erstellen und regelmäßig zu überprüfen. Wenn wir unser Einkommen und unsere Ausgaben kennen, können wir besser planen und Prioritäten setzen. Wir können feststellen, wo wir unnötige Ausgaben tätigen und diese reduzieren. Außerdem sollten wir uns daran erinnern, dass Investitionen langfristige Entscheidungen sind, die sorgfältige Überlegungen erfordern. Wir sollten uns Zeit nehmen, um uns über verschiedene Investitionsmöglichkeiten zu informieren und professionelle Beratung in Anspruch zu nehmen, wenn nötig. Mit Geduld und Disziplin können wir unsere finanziellen Ziele erreichen und eine solide Grundlage für unsere Zukunft schaffen.

Vierzehnter Geheimtipp:

Den Spieß umdrehen. Wenn Sie das nächste mal die Lust packt einen Spontankauf zu tätigen, investieren Sie stattdessen das Geld spontan. Nun ist es weg und Sie haben (theoretisch) kein Geld mehr für das begehrte Objekt übrig.

Diese Methode klingt sehr Radikal, ist aber auch sehr effektiv und wandelt sich mit der Zeit in ein richtiges Spiel. Spätestens wenn Sie dadurch Ihre ersten 1000€ gespart/angelegt haben, werden Sie feststellen wie viel Geld mal nebenbei davonläuft und auf das man nie mehr zurückgreifen kann. Ist es aber angelegt steht es Ihnen nicht nur zu Verfügung sondern es hat zudem noch die Möglichkeit zu wachsen und sich selbst zu vermehren.

Diese Strategie habe ich so bisher noch nicht gesehen, gut wie schon erwähnt ist sie doch etwas radikal, aber hat mir gute Dienste erwiesen.

Meine Umsetzung zu dieser Strategie war es mir einen Direktbroker für das Smartphone zu suchen und dort einen kleinen Betrag an Geld zur Verfügung zu stellen (möchten Sie in dem Jahr zusätzlich 500€ sparen dann nehmen Sie diesen Betrag) sobald mich dann der Kaufrausch gepackt hatte und ich mir etwas neues, wenig nutzbringendes Kaufen wollte, holte ich mein Smartphone heraus und kaufte ein paar Einzelaktien. Es wurde etwas gekauft und der Kopf war wieder frei, auch wenn es etwas völlig anderes war als das ersehnte Objekt.

Was habe ich gelernt?

Was habe ich gelernt?

Kapitel 15: Zusammenfassung und Schlussfolgerungen: Die nächsten Schritte auf Ihrer finanziellen Reise

Unsere Reise durch das kleine Geldhandbuch neigt sich dem Ende zu, aber Ihre persönliche finanzielle Reise hat gerade erst begonnen. Die Konzepte und Strategien, die in diesem Buch vorgestellt wurden, sollen als Grundlage für Ihre zukünftigen finanziellen Entscheidungen dienen.

Haupterkenntnisse aus dem Buch:

1. Verstehen Sie den Unterschied zwischen Investieren und Ausgeben. Es ist wichtig, kluge Kaufentscheidungen zu treffen, die langfristigen Wert bieten.
2. Budgetierung ist der Schlüssel. Ein effektives Budget hilft Ihnen, mehr zu sparen und Ihre finanziellen Ziele zu erreichen.
3. Investieren Sie klug. Egal ob in Aktien, Immobilien oder Kryptowährungen, informieren Sie sich und treffen Sie fundierte Entscheidungen.
4. Bilden Sie sich ständig weiter. Die finanzielle Landschaft verändert sich ständig, und es ist wichtig, auf dem Laufenden zu bleiben.

Die nächsten Schritte:
Beginnen Sie mit der Überprüfung Ihrer aktuellen finanziellen Situation. Wo stehen Sie heute? Wo möchten Sie in 5, 10 oder 20 Jahren sein? Setzen Sie klare Ziele und erstellen Sie einen Plan, um diese Ziele zu erreichen.
Suchen Sie nach Möglichkeiten, Ihre Finanzbildung zu erweitern. Dies könnte bedeuten, weitere Bücher zu lesen, an Workshops teilzunehmen oder einen Finanzberater zu konsultieren.

Die in diesem Buch aufgeführten Mittel und Methoden waren es, die mir sehr gute Dienste erwiesen haben und ich habe weit mehr getestet als hier aufgeführt. Wichtig ist es das Sie sich Ihren Weg klar machen den Sie gehen wollen. Es bringt nichts unrealistisches Ziele zu setzen, es bringt aber auch nichts unterdimensioniert zu denken, denn dann kann alles so weitergehen wie bisher. Jeder hat seinen eigenen Weg, sein eigenes Risikopotenzial und seine eigene Persönlichkeit sowie Vorlieben mit seinem Geld umzugehen und es ist Ihr Geld, machen Sie sich das immer wieder bewusst. Sie haben das Geld verdient Sie entscheiden wofür es ausgegeben oder investiert wird. Stecken Sie mitten in einem finanziellem Problem? Dann fangen Sie klein an und arbeiten Sie den Berg nach und nach ab und fangen langsam an Ihren eigenen Berg an Investments aufzubauen. Machen Sie sich niemals Druck, wenn Sie Druck verspüren, dann haben Sie wahrscheinlich ein Investment mit zu hohem Risiko getätigt, wenn Sie sich dabei nicht wohlfühlen ist die Chance groß Ihr investiertes Kapital zu verlieren.

Fünfzehnter Geheimtipp:

Nachdem Sie ein Budget erstellt haben und nun genau wissen wie viel Geld Ihnen jeden Monat übrig bleibt können Sie sich den nächsten Monat durchplanen. Was nun wieder wie ein langweiliger Investmentplan klingt ist anders gemeint, denn wie schon so oft erwähnt SIE! Entscheiden was mit Ihrem Geld passiert und ich gebe Ihnen nur meine Empfehlung also was für mich funktioniert hat:

Investieren Sie einen teil (ich habe immer mindestens 10% maximal 20% angepeilt) den Sie zurück in sich selbst investieren. Darunter fallen Bücher, Onlinekurse und Seminare zur Finanzbildung und zur Selbstverbesserung. Vor allem ist es wichtig das Sie beachten, je mehr Sie in sich selbst und in Ihre finanzielle Bildung investieren, desto größer wird Ihr Gewinn sein, am Ende werden wir zu dem was wir denken und wenn wir unser Gehirn darauf trainieren an die richtigen Faktoren zu denken ziehen wir das Geld an und müssen ihm nicht mehr hinterher laufen.

Entscheidender Geheimtipp:

Der letzte Tipp des Buches ist der simpelste von allen. Glauben Sie an sich selbst, machen Sie weiter und alle Fragen die jetzt noch offen sind und Ihnen das Gefühl geben erschlagen zu werden, klären sich von ganz alleine. Geld ist nur ein Mittel zum Zweck und mit der richtigen Einstellung können SIE! Es beherrschen und werden frei von jeglichem negativen Einfluss das es verüben kann.

Was habe ich gelernt?

Was habe ich gelernt?

Quellenhinweis:

Die Informationen in diesem Buch basieren auf allgemeinem Wissen und Best Practices im Bereich des Unternehmertums und wurden teilweise mithilfe des OpenAI-Modells generiert. Es wird empfohlen, bei spezifischen Fragestellungen oder detaillierten Informationen auf Fachliteratur und Expertenmeinungen zurückzugreifen.